Sous la direction de
Jean Birnbaum

Qui sont
les animaux ?

Gallimard

Cet ouvrage reprend certains des actes du Forum Le Mans, rencontres philosophiques organisées en novembre 2009 par la Ville du Mans, l'université du Maine et le journal *Le Monde*, sous la direction de Jean Birnbaum.

LISTE DES CONTRIBUTEURS

Frédéric Boyer est écrivain et éditeur.

Florence Burgat, philosophe, est directrice de recherche à l'Institut national de la recherche agronomique (INRA).

Philippe Descola est anthropologue, professeur au Collège de France.

Vinciane Despret est philosophe et psychologue, elle enseigne à l'université de Liège.

Élisabeth de Fontenay est philosophe, maître de conférences honoraire à l'université Paris-I.

Nathalie Gibert-Joly est doctorante à l'université du Maine.

Frédéric Keck est chercheur au Laboratoire d'anthropologie sociale (CNRS).

Catherine Larrère est philosophe, professeur à l'université Paris-I-Panthéon-Sorbonne

Stéphane Legrand, philosophe.

Jean-Pierre Marguénaud est juriste, professeur de droit privé à la faculté de Limoges.

Michel Pastoureau est historien, directeur d'études à l'École pratique des hautes études (Paris).

Pascal Picq est paléoanthropologue, maître de conférences au Collège de France.

Francis Wolff est philosophe, professeur à l'École normale supérieure (Paris).

Communauté de destins

Que se passe-t-il lorsque je me vois nu dans le regard d'un chat ? Telle est la question que posait le philosophe Jacques Derrida (1930-2004). Cette expérience apparemment anodine, il en faisait le point de départ d'une réflexion sur le dépouillement de l'homme, sur sa finitude. Et il en profitait pour souligner l'aveuglement de notre tradition métaphysique « anthropo-centrée », c'est-à-dire obsédée par la prééminence de l'humain sur les autres vivants. De fait, la pensée occidentale a longtemps défini l'animal par ce qui lui manque, ce qui lui fait défaut : la raison, l'inconscient, la pudeur, le rire... Si bien que, aujourd'hui encore, notre imaginaire reste dominé par la vieille conception cartésienne de « l'animal-machine », incapable d'accéder au langage, dépourvu de subjectivité, donc privé de tout droit.

Or les choses sont en train de changer. D'abord parce que l'actualité vient régulièrement nous rappeler l'étrange proximité qui nous lie aux animaux : pensons seulement à la crise de la « vache folle », aux paniques suscitées par les grippes « aviaire » ou « porcine ». Ensuite et surtout, parce que les avancées de la recherche remettent en question la frontière entre l'Homme et l'Animal. À lire les travaux des paléoanthropologues, des zoologues ou des éthologues, on se dit que la foi humaniste dans le « propre de l'homme » se trouve désormais soumise à bien rude épreuve. Mais, alors, comment relativiser l'exception humaine sans sombrer dans une dangereuse confusion entre tous les vivants ? Comment l'homme peut-il prendre ses responsabilités envers l'animal, voire reconnaître avec lui une communauté de destin, sans se comporter lui-même comme une bête ? Tel est le type de questionnement auquel le 21ᵉ Forum *Le Monde*-Le Mans aura tenté de répondre, en faisant dialoguer des philosophes, des anthropologues, des scientifiques ou des artistes.

JEAN BIRNBAUM

Un animal dans la tête

J'ai, vous avez, nous avons tous un animal dans la tête. Ne cherchez pas. Depuis des millénaires que nous nous aimons, que nous nous détestons, que nous nous éliminons et que nous nous reproduisons, et surtout que nous nous intéressons complaisamment, presque exclusivement à nous-mêmes, nous le faisons avec un animal dans la tête. Dès les origines de ce que nous appelons la littérature, nous avons fait parler les chevaux et les lions, nous avons fait penser les mouches et les oiseaux... Comme s'il n'avait jamais suffi de nous faire parler, de nous faire penser nous-mêmes. C'est avec l'animal que nous nous sommes animés, que nous nous sommes représentés à nous-mêmes. Sinon pourquoi les avoir mangés ? Pourquoi les avoir élevés, tués, aimés, chassés, éduqués, sacrifiés, enfermés, représentés, poursuivis, imités et annexés ? Sinon pourquoi en avoir fait des sujets de compagnie, des idoles, des poupées, des peluches, des automates, des presque personnes à notre image, à notre ressemblance ? Nous nous sommes vus à leur ressemblance presque exclusive. Nous avons eu la cruauté du loup, la douceur de la biche, la ruse du serpent, l'élégance du cygne, la bonhomie de l'ours... L'animal fut si longtemps notre méta-

phore. On l'humanisa autant qu'on s'animalisait. Il
y eut les brebis du Cyclope dans l'*Odyssée*, « tout son
troupeau bêlant de brebis et de chèvres », il y eut
les 59 cygnes sauvages du poème de Yeats, les souris de Ted Hugues, enfant, remplacées par les poèmes quand à l'adolescence il comprit que les mots se
capturaient comme de petits animaux vivants. Il y
eut les 450 apparitions d'animaux sauvages ou familiers répertoriées dans les fables de La Fontaine...
Je voudrais rappeler cet entêtement avec lequel les
auteurs ont parlé des bêtes, leur ont surtout prêté
notre langage, nos émotions, notre parure d'humanité. Et inversement comment ils ont insisté sur les
métamorphoses possibles. Souvenez-vous. Les hommes loups, l'homme cheval, l'homme dauphin, la
femme araignée, les filles panthères, les femmes éléphants, les hommes rats ou chauves-souris... Depuis
Homère, depuis Ésope et Ovide, jusqu'aux person-
nages des comics et des mangas aujourd'hui. L'animal
a été depuis les origines un formidable producteur
de métaphores humaines. Je pense à la façon dont
Homère, dans l'*Iliade*, ne peut conduire son récit
épique sans recourir à la métaphore animale dès qu'il
s'agit de décrire, de montrer les postures de l'action
humaine. Répétitions vertigineuses, presque hypno-
tiques, comme si la seule image possible pour représenter les hommes entre eux, pour se faire une image
de leur humanité, c'était précisément celle de l'animalité. Achille au combat est un lion féroce, les
Troyens qui se replient sont des sauterelles qui fuient
un incendie, les Achéens sont des loups mauvais se
ruant sur des chevreaux, les Troyens au combat sont
des chiens attaquant un sanglier blessé... Souvent
folie et cruauté humaines n'ont pu forcer nos lèvres
qu'en parlant d'animalité. Voyez également dans la
Bible, au livre de Daniel, quand le roi Nabuchodo-

nosor, chassé de sa royauté, est décrit comme un animal : « Il mange de l'herbe avec les bœufs, son corps est trempé par la rosée du ciel jusqu'à ce que ses cheveux poussent comme des plumes d'aigle, ses ongles comme des griffes d'oiseau » (Dn 4. 30). D'où vient l'animal qui surgit dans la phrase et la pensée humaines ? À quelle place se rend-il ? Que vient-il révéler ou détourner de nous-mêmes ?

La Fontaine, après quelques autres, prétendait : « Je me sers d'animaux pour instruire les hommes. » On aurait tort de ne voir dans cette humanisation des animaux ou cette animalisation de l'humanité qu'un simple jeu de l'esprit, une prosopopée, une manière de langage métaphorique dont la pertinence ne s'étendrait guère au-delà de l'art de la fable ou du récit. La fable nous tend un étrange miroir qui voudrait nous faire croire à la métaphore mais finit par déplacer nos distinctions, par brouiller l'organisation de nos références. Je parle d'entêtement puisqu'il est bien question ici d'avoir un animal dans sa tête. Ce que la littérature nous apprend, depuis la nuit des temps, c'est que l'animal est au cœur de la prédication humaine sur l'homme. Il faut prendre au sérieux la rhétorique, la force de la fiction ou de la fable. Il y a ces sentiments humains que l'animal soudain porte si bien à nos yeux. Demandons-nous pourquoi il est si difficile de les porter nous-mêmes et pourquoi prendre si vite l'animal pour miroir de nous-mêmes ? Quelle absence à nous-mêmes dessinons-nous en faisant parler des animaux à notre place, en nous décrivant avec les attributs fabuleux de l'animal ?

Oui, nous nous sommes régulièrement servi des bêtes pour donner une image à notre noirceur. Comme si une sorte de point aveugle était touché en nous et que l'aveu de cette limite, de ce bord d'obscurité en nous, ne pouvait se dire parmi nous qu'au travers de l'image animale. Nous avons fait dans la langue, dans nos récits, fables, épopées, poèmes, nous avons fait de l'animal ce fantôme, ce spectre de l'humanité. Longtemps nous avons pensé et pesé les valeurs les plus hautes en écoutant notre passion dominatrice pour l'animal comme un feu raisonnable. Nous avons, hommes, femmes, enfants, amis, adoré les événements irrationnels et muets qui constituent le grand courant de la raison. Nous avons désigné l'animal comme cette compagnie nécessaire qui a toujours été pour nous le miroir paradoxal de notre défaillance humaine, de la peur, de l'effroi, de l'incompréhension que nous sommes humainement à nous-mêmes. L'animal a remplacé l'homme comme la fantaisie remplace un jour l'ennui ou l'effroi. Comme l'image dompte l'obscur. C'est l'histoire d'un déchirement, d'une distinction floue, d'une domination flottante et cruelle. Je fais comme si l'animal était ce que je suis tout en pensant ne pas être comme lui. Et l'animal, notre première rencontre, notre seule image, a bientôt reçu de dignes coups de fouet et fut conduit par l'esprit neuf, raisonnable, éclairé, au travail et à l'abattoir.

Mais qui nous rendra alors nos ailes de tourterelle ? et notre pelage de tigre ? et nos yeux de loup ? notre voix de brame ? Nous n'appartenons plus tout à fait à l'humanité, si tant est que nous lui ayons appartenu pleinement un jour. Et je veux prendre au sérieux la fiction animale dans laquelle, par laquelle nous nous sommes compris, décrits, expliqués avec nous-mêmes. Nous pouvons exterminer les grands singes, les baleines, les fourmis, mais sans eux nous ne sommes plus métaphorisables, nous ne pourrons plus sortir de notre propre petite fiction humaine et raisonnable, de notre condition aveugle, nous ne pourrons plus jamais espérer nous délivrer de notre propre asservissement d'hommes par les hommes. La métaphore animale de l'homme est le déplacement, l'aveu, le refoulement le plus étonnant de notre parole sur nous-mêmes.

L'ironie veut que nous ayons fait de l'animal l'origine, la raison de notre férocité, de nos instincts (l'*animalitas* des auteurs antiques), mais également, plus cruellement encore dans la subtilité, nous en avons fait le miroir de notre inhumanité que nous avons l'illusion d'apprivoiser en la désignant comme animalité. L'animal, que nous asservissons et massacrons, cette victime devient elle-même l'image, la métaphore du bourreau que nous sommes envers nous-mêmes mais aussi envers l'animalité du monde. La nôtre, la leur. Notre animalité est devenue chez nous ce que nous disons ne pas vouloir être, notre face obscure, anarchique, incontrôlable. Par une formidable inversion nous avons construit notre humanité comme cette « non-animalité » qui nous oppose à l'animal.

Tout cela ne signifie pourtant pas que les bêtes seraient au fond des êtres humains ni que les êtres humains seraient des bêtes. Il s'agit de deux solitudes appelées depuis les origines à vivre l'une avec l'autre. Mais maintenant que nous voici presque installés dans la solitude victorieuse de notre espèce, que nous nous sommes séparés des animaux, voilà que nous regrettons de ne pouvoir manger avec eux auprès d'un feu, ou de ne pouvoir leur parler jusqu'à une heure tardive de la nuit. Leur pelage, leurs aboiements, leurs galops nous manquent. Oh, nous serions presque prêts, comme les compagnons d'Ulysse prisonniers du sortilège de Circé, la magicienne, à retrouver le monde animal. À devenir cet animal que nous avons dans la tête. Souvenez-vous. Ulysse implore Circé de délivrer ses compagnons transformés en porcs. La nymphe exige que les compagnons ainsi métamorphosés lui demandent d'abord si tel est bien leur désir. Et cela ne va pas de soi. Certains hésitent, et beaucoup d'écrivains se sont engouffrés dans cette hésitation. Plutarque explique que le compagnon Gryllos refuse, car dans sa peau de bête il dispose de tout en abondance et il n'a aucune envie de « redevenir homme, écrit Plutarque, c'est-à-dire le plus misérable, le plus calamiteux des animaux au monde ». Les bêtes, ajoute encore Plutarque, ne mentent pas, n'acceptent pas la servitude, ne connaissent pas les fluctuations du cœur, et les femelles y sont aussi courageuses que les mâles... Et, dit-il, « on n'a jamais dit d'un lion qu'il a le courage d'un homme... ». La métaphore est à sens unique. On se souvient aussi de la lettre de Descartes à Morus, le 5 février 1649, parlant des animaux : « On ne peut pénétrer dans leur cœur. » Et si c'était cela le secret des compagnons d'Ulysse : avoir pu pénétrer dans le cœur des animaux. L'animal est cette métaphore vivante, réelle, charnelle, qui nous échappe toujours.

Nous sommes, vous êtes, je suis un animal avec un animal dans la tête. Il n'est pas certain, pas prouvé du tout que l'animal, lui, ait un animal dans la tête, qu'il ait dans la tête par exemple cet animal que nous sommes. C'est embarrassant, un animal dans la tête. Et l'embarras est humain. L'embarras est assassin. Cet embarras, mesdames, messieurs, mes amis, remonte à la nuit des temps. À l'origine que nous rêvons, à celle que nous craignons. Nous venons d'un paradis né du désespoir d'un vieux célibataire de la famille. Un dieu seul contrarié devant la solitude de sa création. À cette question : « qui est l'animal ? », la Bible a répondu de curieuse façon (à peu près à la même époque que celle d'Homère, quand de retour d'exil à Babylone les lettrés et les prêtres judéens ont compilé et rédigé leurs récits fondateurs, disons au Vᵉ siècle avant notre ère). Personne, ni dans la tradition juive ni dans la tradition chrétienne, ne s'est arrêté sur la signification pour l'animal, pour notre relation à l'animal, de ces quelques versets du deuxième chapitre de la Genèse (2. 18-20) :

Yhwh Dieu dit
L'adam tout seul
ce n'est pas bon
Je vais lui faire une aide
Comme quelqu'un devant lui
Yhwh Dieu fabrique avec de la terre
Toutes les bêtes sauvages
Tous les oiseaux du ciel
Il les fait défiler devant l'adam pour entendre le nom
   qu'il leur donne
Chaque être vivant reçoit son nom de l'adam
L'adam trouve des noms à tous les animaux
Aux oiseaux du ciel
À toutes les bêtes sauvages
Mais pour l'adam aucune aide
Personne d'autre devant lui[1]

    Dans la Bible, au commencement, le Créateur met un animal dans la tête de l'adam, sa première créature. Il y a deux récits de création, précisément pour faire mentir tous ceux qui voudraient nous faire croire que la Bible se contente de raconter ce qui a eu lieu une fois pour toutes. Dans le premier récit (Gn 1. 24-30), sans doute le plus ennuyeux mais le plus politique, l'humanité est créée à la fin de la création, comme un achèvement en quelque sorte, créée immédiatement à la fois mâle et femelle, et placée à la tête de ce royaume mais à la condition d'exercer

    * Les notes sont réunies en fin de volume, p. 243.

avec douceur ce pouvoir. La création entière est soumise au régime végétarien... (lire Gn 1. 26-30) :

> *Dieu crée l'adam à son image*
> *les crée à l'image de Dieu*
> *les crée mâle et femelle*
> *Dieu les bénit et leur dit*
> *À vous d'être féconds et multiples*
> *de remplir la terre*
> *de conquérir la terre*
> *de commander*
> *au poisson de la mer*
> *à l'oiseau du ciel*
> *à toutes les petites bêtes ras du sol*
> *Dieu dit*
> *Je vous donne enfin*
> *comme nourriture l'herbe à semence*
> *qui donne semence sur la terre*
> *les arbres à fruits*
> *qui donnent semence*
> *Pour nourriture le vert végétal*
> *à toute bête de la terre*

Il fallait un second récit dont voici l'ordre d'apparition dans la création : le jardin, suivi de l'humanité comme jardinier en chef, mais bien seul, terriblement seul. L'adam, cette fois, n'a pas immédiatement de sexe. Il lui faut quelqu'un alors comme lui, dit l'hébreu, quelqu'un en face de ou face à lui. Il faut créer quelqu'un qui ne doit pas être bien différent puisqu'il est fait pareil : avec de la boue, de la poussière du sol. L'adam, c'est le nom de l'humanité, est d'abord placé devant, face aux animaux dans un défilé génial. Les Hébreux ont placé dans le deuxième récit de la création (Gn 2. 18-22) un bref récit énigmatique. Il vient une fois l'adam installé dans le jar-

din d'Eden, et à la suite de l'interdit de l'arbre qui
se lit comme le drame de la solitude de l'adam au
cœur de la création : seul au monde et invité à ne
pas se tromper quant à sa nourriture et quant à son
action de connaissance, d'expérience du monde
autour de lui. Et ce récit précède le célèbre cri de
reconnaissance de l'adam : *C'est elle enfin / l'os de
mes os / la chair de ma chair* (Gn 2. 23). Quel est ce
récit ? Dieu fait le constat de la solitude de l'adam et
la juge mauvaise : « Je vais lui faire une aide comme
quelqu'un devant lui. » Dieu, c'est bien connu, a des
idées de génie. Mais il faut ajouter que chacune de
ses idées crée d'autres idées plus humaines, d'autres
idées plus noires. C'est Boileau qui s'exaspérait en
lisant ce récit : « L'homme seul, l'homme seul en sa
fureur extrême / Met un brutal honneur à s'égorger
soi-même. » La première idée de Dieu est de répondre à la solitude de l'adam en créant les animaux. Et,
dit le texte, « pour entendre les noms qu'il lui donne ».
Dans l'art de raconter de la Bible, tout se précipite
et se joint. La vue de l'animal est l'occasion, l'incidence en quelque sorte, de noter au passage l'invention du langage. L'adam parle ici pour la première
fois et c'est pour donner un nom à chaque animal.
Au commencement, les animaux n'ont pas de nom,
ce sont les sans-nom. La naissance du langage est
associée à la rencontre de l'animal et non comme
on l'a trop souvent dit à la découverte de la femme
qui n'est que seconde dans cette histoire de nomi-
nation et de reconnaissance. La première expérience
de l'autre dans le monde créé, c'est la rencontre avec
l'animal. Voilà ce que dit le récit biblique, dit
« deuxième récit de la création ». Dieu avec l'animal
entend donner à l'adam « une aide comme quelqu'un
devant lui ». Littéralement « comme son vis-à-vis ».
Kenegdo en hébreu : comme en face de lui / ou plus

ambigu : contre lui, face à lui. Et je rappelle ce commentaire troublant de Rachi au XIIᵉ siècle, jouant sur l'ambiguïté de l'hébreu : « Si l'adam le mérite ce sera un aide, s'il ne le mérite pas ce sera son adversaire. » La traduction latine de la Bible par saint Jérôme, au Vᵉ siècle de notre ère donnera : *similem sui* — semblable à lui. Véritable coup de force de la traduction qui efface le drame du face-à-face. Le mot *aide* a également une importance stratégique ici. Le mot hébreu *'ézèr* est masculin (le féminin *'ezérah* désigne l'action d'aider, l'assistance). Il n'y a pas de confusion : l'animal est créé pour être cet aide. Le masculin *'ézèr* (21 occurrences dans toute la Bible hébraïque) désigne toujours celui qui aide : l'assistant. Cet assistant est toujours Dieu ou plus rarement l'envoyé de Dieu, notamment dans les Psaumes. Ce n'est pas rien. C'est le mot par lequel le suppliant dans les Psaumes appelle Dieu à son secours et avoue avoir besoin de lui comme d'un roc ou d'un refuge (voir Ps 89. 20 : Dieu est l'aide du héros). Genèse 2 est la seule occurrence du mot *'ézèr* employé pour désigner une autre réalité que celle de l'intervention divine. L'animal est convoqué, créé pour cette place, dans un premier temps. Toute sa vie, Adam, pendant des générations et des générations, ne pourra plus effacer de sa mémoire le défilé ahurissant de ces bêtes dans sa tête. L'animal est donc ici présenté comme la possibilité du secours de l'humanité non sexuée et solitaire en ses origines. Or le texte est ambigu, il n'est pas expressément dit que Dieu constate lui-même l'échec de son intuition. C'est le narrateur qui fait ce constat, après que l'adam a nommé tous les animaux. Les deux versets (Gn 2. 18 et 2. 20) où Yhwh Élohim veut faire « un aide » comme partenaire à l'hominidé sont les seuls versets de toute la Bible hébraïque dans lesquels le masculin « un aide » désigne quelqu'un d'autre que Dieu ou son envoyé comme dans toutes les autres occurrences du masculin. La femme *ishah* n'est pas explicitement qualifiée ainsi. Mais, dans le récit, elle répond parfaitement à la solitude de l'adam. En réalité, l'aide que prétendait être l'animal est remplacé par la sexuation de l'humanité. Par une personne que je reconnais, que je choisis et que je désire comme de ma chair, de mon corps. Qu'est-ce qui me sépare de l'animal ? semble nous dire ce vieux texte : le désir sexuel. Mon semblable n'est autre que celui que je reconnais de désir, et avec qui je peux m'assembler. Histoire troublante qui peut se retrouver, d'une certaine façon, dans l'épopée de Gilgamesh, en Mésopotamie il y a près de 5 000 ans, dans laquelle Enkidou, le compagnon bien aimé de Gilgamesh, est d'abord assimilé à un animal jusqu'à sa rencontre avec une prostituée, une courtisane de Babylone qui l'en séparera.

Mais l'animal ici prend la place énigmatique d'un regret, d'une confusion, d'un possible. L'animal n'est pas celui que je désire comme étant de mon corps. Mais il est le premier que j'ai appelé, nommé. Le premier rencontré dans la solitude du jardin. Le premier compagnon possible. Et cette place est indélébile, archaïque. À la naissance du désir d'un autre et d'un semblable et s'y refusant, pour une part, mystérieusement. L'homme devant chaque animal cherche ce vis-à-vis et le nomme. Cette place d'une compagnie première, d'un déchirement premier, la Bible le rappelle souvent à sa manière. Dieu sauve l'homme avec les bêtes (récit du Déluge et psaume 36). Souvent l'animal est plus proche de Dieu que l'homme, et les bêtes entendent Dieu avant les hommes. Je pense à l'ânesse de Balaam (Nb 22. 21-35). L'ânesse récalcitrante, qui reçoit les coups de l'homme qu'elle a pourtant toujours bien servi, a vu l'ange du Seigneur et compris avant l'homme l'intention divine.

Que ce récit ajuste en quelque sorte la création du jardin avec celle de l'humanité solitaire, la création de l'animal en réponse à cette solitude humaine dans le jardin, et enfin l'invention de la sexualité comme altérité réjouissante, comme secours porté à la solitude, voilà qui place l'animal à un bord vertigineux, une faille éthique, un bord amoureux et sexuel. Qui est l'autre que je désire en le nommant ? L'animal est d'abord (ordre du récit) convoqué à cette place émouvante d'avoir à répondre à la solitude humaine. Il n'est pas toute cette réponse. Il n'est pas ce vis-à-vis. Mais question vertigineuse, Dieu se serait-il trompé ? Notez que c'est l'homme qui est insatisfait. L'animal aurait très bien pu être pour l'humanité édénique cet alter ego secourable qui mette fin à la solitude. J'affirme que l'animal est bien cet autre nous-même, créé de boue et de poussière comme nous, cette première invention divine, première intention, et première insatisfaction, premier caprice, première déception. Il y eut cette idée dans l'esprit divin, le créateur : l'alter ego, le compagnon, le secours vivant de l'homme ainsi créé dans sa solitude, sans vis-à-vis, pourrait être l'animal. La Bible est familière de ces blessures énigmatiques. Quelqu'un d'humain a pris la place de l'animal. Dans le premier récit de création, l'animal est un élément du monde créé sous la domination d'Adam mais comme lui soumis au même régime de douceur, pacifique et herbivore. Dans le second récit, l'animal est envisagé comme partenaire possible, comme mystérieux autre, soumis à la reconnaissance de l'adam. Il le nomme pour le reconnaître mais la convocation de l'animal accentue la solitude de l'homme. L'animal n'est pas l'autre avec lequel l'homme ne fera qu'un. Auquel il pourra « se coller » (Gn 2. 24).

L'animal n'est ni l'autre, ni le frère, ni le partenaire mais a une place sans assignation. Une sorte d'image secourable dès les débuts mais un rendez-vous manqué, une rencontre annoncée qui tourne au quiproquo. C'est pourquoi il ne faut pas rire des animaux de compagnie, ni de ces personnes humaines qui s'attachent parfois si curieusement à toutes sortes d'animaux, chats, chiens, canaris, tortues, poissons, souris, lapins... Il y aura, jusqu'à la fin du monde, cette idée qui nous trotte dans la tête, ce souvenir lointain, cette intention créatrice de poser l'animal face à nous, devant nous, pour que nous le reconnaissions comme autre pour nous. Comme présence issue de l'absence. Comme compagnie dans le jardin. L'animal est cette créature commune, si proche de nous, et qui porte pour nous ce regret de ne nous avoir pas suffi. L'animal, chacun peut l'éprouver un jour ou l'autre, nous rappelle que nous avons été si seuls dans la nature. Et c'est le rôle des récits de commencements, ils ne racontent jamais les commencements, mais désignent une utopie. C'est le rôle politique et théologique de ces récits : nous dire ce que le monde aurait pu être et d'une certaine façon ce que le monde devrait être ou sera. Et l'animal est situé dans cet écart, à ce bord d'une séparation, pour nous faire entendre combien nous sommes proches et indissolublement liés. Séparation d'où vient le langage. Séparation d'où vient l'autre distinction qui nous fonde, celle de la sexualité.

Le scribe biblique avait un animal dans la tête. Et un écrivain, c'est bien souvent un animal avec un animal dans la tête. Cela fait quoi d'avoir, par exemple comme moi, très régulièrement, une vache dans la tête ? Ce n'est pas une image de vache ni même une vache en chair et en os. C'est une sorte d'écho, de résonance curieuse de la vache dans le langage et la pensée. Chaque mot humain résonne dans ma tête dans l'immense solitude des vaches. Commençons par le mot prairie. Poursuivons avec les mots journée, soleil, peur, amour. Les mots liberté, assassinat, droit et devoir... Une fois que vous serez arrivé à ce stade où pas un mot humain, pas une idée humaine ne fasse résonner la solitude des vaches dans notre propre monde habité et parlé, alors vous toucherez en quelque sorte la frontière de nos solitudes. Certains écrivains l'ont touchée de si près qu'ils ont pu franchir la métaphore, passer de l'autre côté, dans ce royaume, cette utopie douloureuse où l'animal est indistinctement ce frère, cette sœur méconnaissable et irréfutable. Je pense, pour finir, à Joséphine, la petite souris cantatrice de Kafka. Le narrateur de cette étrange nouvelle pénètre avec une certaine prudence, comme une hypothèse qu'il n'assume pas d'emblée, à la rencontre de cette souris cantatrice, mais peu à peu s'aperçoit que « Joséphine ne chante pas mais ne fait que siffler », écrit-il. Comme le font communément toutes les autres souris. Et « peut-être », ajoute-t-il, ne dépasse-t-elle même pas « les limites du sifflement usuel », commun aux souris en général. Un sifflement, donc, que nul ne songerait « à faire passer pour de l'art » et que tous pratiquent « sans le remarquer ». Ainsi, notre chanteuse ne chante pas et n'a sans doute jamais chanté. Son « humanité » est en deçà de son animalité, ou plus exactement son « humanité » ne la métaphorise pas. L'humanité du peuple des souris embarrasse progressivement le narrateur moins parce qu'elle lui rappellerait la sienne que parce qu'elle l'affole, le décentre de sa propre humanité. En ce sens, Joséphine est sans doute notre sœur. Elle n'est

« nôtre » que par l'exception absolue logée dans son indistinction même. La métaphore est progressivement effacée, et au lieu de dissoudre une illusion, elle fait apparaître presque tragiquement notre commune condition.

FRÉDÉRIC BOYER

Un abécédaire

J'ai accueilli comme une aubaine la proposition, faite par Jean Birnbaum, de rédiger un abécédaire animalier, parce que l'arbitraire de l'ordre alphabétique me permettait d'échapper, pour un moment du moins, à un ordre logique trop contraignant ou à une rhétorique trop enveloppante, qui risquent toujours de nuire à ce qu'il y a de merveilleux et de terriblement concret chez les animaux. Cette élaboration intellectuelle qui abstrait les bêtes et transforme leur prodigieuse diversité en un concept aisément manipulable caractérise l'approche par les philosophes. Ceux-ci, à deux exceptions près, Jacques Derrida et Gilles Deleuze, ont toujours parlé de l'*Animal* pour l'opposer à l'*Homme*. L'animal ? Mais c'est seulement un mot, une idée que l'*animal* ! Car, dans les faits, nous avons affaire à *des* animaux, ceux de la terre, de la mer ou des airs, à des animaux domestiques ou sauvages, à des animaux familiers ou à des animaux de ferme, aux animaux vivants avec qui nous partageons la terre ou aux animaux morts qui sont dans nos assiettes. Vous me direz que prendre en compte cette diversité des espèces, observer et décrire les bêtes dans leur milieu naturel ou domestique, ce n'est pas la tâche de la philosophie mais celle de l'étholo-

gie, et vous me direz que c'est aux écrivains, aux peintres et aux sculpteurs d'évoquer tel ou tel animal
singulier. C'est justement pour tenter de contourner
cette objection et pour éviter, par ailleurs, de conceptualiser excessivement mon propos, que je vais
parler des bêtes en proposant cet abécédaire. La succession arbitraire des lettres de l'alphabet et le choix,
philosophiquement personnel, de mots et de pensées s'accrochant à chacune de ces lettres me permettront de parler plus librement des multiples
problèmes que pose aux Occidentaux civilisés et
modernes que nous sommes ou croyons être la condition que nous avons faite aux animaux.

Je voudrais prendre encore une précaution préalable. Vous aurez peut-être l'impression, en m'écoutant, que je tiens un discours d'un grand pessimisme,
apocalyptique même, et que je développe une
méfiance qui peut paraître suspecte à l'endroit de
certaines de nos pratiques portant sur le vivant. Mais
c'est à l'humanisme théologique, métaphysique et
techniciste du propre de l'homme, c'est à l'anthropocentrisme forcené que j'en ai. Ce n'est pas à ce que
pourrait être un nouvel humanisme, qui prendrait
non pas Descartes mais Montaigne comme modèle,
et qui serait moins prométhéen, donc plus inquiet de
l'avenir. On doit adopter cette position de modération qui consiste à ne pas abandonner les animaux
à la marchandisation, aux lois du marché, sans pour
autant offenser le genre humain.

Enfin, avant de risquer cet abécédaire, je ne peux
pas ne pas évoquer la grande figure de Claude Lévi-
Strauss et la manière radicale dont il a pensé l'histoire
des rapports entre l'homme occidental et les animaux[1]. Il ne craint pas en effet de parler des tares
de l'humanisme. Le mythe de la dignité exclusive de
la nature humaine, dit-il, a commencé par couper

l'homme de la nature, et par le constituer en règne souverain, alors que l'homme est d'abord et irrécusablement un être vivant. Tous les abus sont issus de cette « mutilation ». Durant ces quatre derniers siècles, l'homme occidental s'est arrogé le droit de séparer radicalement l'humanité de l'animalité, en accordant à l'une tout ce qu'il retirait à l'autre. Il a alors ouvert un cycle maudit, car la même frontière, qu'il faisait constamment reculer, a servi à écarter des hommes d'autres hommes, au profit de minorités toujours plus restreintes. Lévi-Strauss fait allusion à l'esclavage, au colonialisme, aux camps d'extermination, et il affirme que ces crimes s'inscrivent non pas, comme on le croit, en opposition avec le prétendu humanisme sous la forme où nous le pratiquons depuis des siècles, mais dans son prolongement naturel. C'est d'une même foulée que l'homme a commencé par tracer la frontière de ses droits entre lui-même et les autres espèces vivantes et que des hommes revendiquant à leur profit le propre de l'homme ont ensuite reporté cette frontière au sein de l'espèce humaine, en se séparant de certaines catégories qu'ils ont animalisées. Le respect de l'homme par l'homme ne peut donc pas trouver son fondement dans une dignité particulière que l'humanité s'attribuerait en propre, car alors, une fraction de l'humanité pourra toujours décider qu'elle incarne cette dignité de manière plus éminente que d'autres. Il faudrait que l'homme commence par respecter toutes les formes de vie en dehors de la sienne. C'est seulement ainsi qu'il se garderait du risque de ne pas respecter toutes les formes de vie au sein de l'humanité même.

A

Âme

Il semble qu'on ait oublié la leçon de la langue, un animal en effet, c'est un être animé et être animé, c'est avoir une âme. Une âme, c'est-à-dire le souffle, le principe vital, ce qu'Aristote nomme l'âme végétative et qu'il accorde aussi aux plantes, alors que les animaux ont de surcroît une âme sensitive et jusqu'à un certain point une âme intellective. Encore faut-il se rappeler en même temps que, pour d'autres philosophes comme les épicuriens et les stoïciens, l'âme n'est pas moins matérielle que le corps.

On peut dire que c'est le déni de *quelque chose comme l'âme* qui entraîne une mécanisation de l'animal, transforme l'être vivant mobile et sensible en machine et facilite son appropriation sans foi ni loi. Descartes, à qui l'on attribue à juste titre l'hypothèse méthodologique de l'« animal machine » n'a pas, à ma connaissance, employé cette expression dont il ne pouvait pas ne pas percevoir qu'elle est une contradiction dans les termes. C'est de « bête machine » qu'il faudrait plutôt parler.

Bien sûr, au temps de la biologie moléculaire, l'âme animale, comme du reste l'âme humaine, peut sembler une galéjade. Notons cependant que ce mot, ce concept est employé par Husserl, un phénoménologue de la première moitié du XXᵉ siècle. Pour résister au mécanicisme et au scientisme, le mot âme a pu en effet servir à marquer qu'un vivant, disons un vertébré, disons un mammifère, n'est pas réductible à ses composants physico-chimiques. Les animaux les plus complexes ont des représentations, une intentionnalité, une mémoire du passé, une sociabilité,

donc une activité mentale que ne veulent pas voir
ceux qui ont intérêt à les objectiver et qui attentent
à leur intégrité tant spécifique qu'individuelle pour
mieux les soumettre à exploitation.

B

Bétail

Claudel écrivait, il y a cinquante ans : « Maintenant,
une vache est un laboratoire vivant, le cochon est
un produit sélectionné qui fournit une quantité de
lard conforme aux standards, la poule errante et
aventureuse est incarcérée. Qu'a-t-on fait de ces
pauvres serviteurs ? L'homme les a cruellement licen-
ciés. Il n'y a plus de lien entre eux et nous, et *ceux
qu'il a gardés, il leur a enlevé l'âme*. Ce sont des machines ; il a abaissé la brute au-dessous d'elle-même ;
et voilà la cinquième plaie : tous les animaux sont
morts, il n'y en a plus *avec* l'homme[2]. »

Bétail ! On en est venu à ne plus pouvoir prononcer ce mot sans penser aux massacres à grande
échelle qui furent perpétrés, il y a quelques années,
au titre du principe de précaution. Encéphalite spongiforme du bovin, grippe aviaire, grippe prétendument porcine… En jetant des milliers de bêtes, parfois
vivantes, dans des bûchers, n'a-t-on pas définitive-
ment rompu le contrat naturel tacite, cet échange
d'affects, d'informations et de services entre les animaux et leurs éleveurs, qui avait été comme scellé
au néolithique par la domestication ?

La crise sanitaire a caricaturalement exhibé la réalité ordinaire et dissimulée du traitement que nous
laissons infliger aux animaux dits de rente. Les
citoyens consommateurs savent-ils pourquoi l'on a

baptisé *Prime Hérode* la gratification qui dédommageait les éleveurs pour l'abattage de leurs veaux de huit jours et plus ? Plusieurs millions de ces animaux à peine nés ont été abattus, précipités encore vivants dans des bacs où ils agonisaient, entassés les uns sur les autres, tués pour rien, éliminés pour rétablir l'équilibre économique menacé par la baisse de consommation de viande bovine. L'Évangile de Matthieu attribue à Hérode le Massacre des Innocents dans la région de Bethléem, à savoir le meurtre, ordonné par Hérode, peu après la naissance de Jésus, de tous les enfants de moins de deux ans. Le préposé à la terminologie du ministère de l'Agriculture croyait sans doute avoir trouvé un euphémisme humoristique. Mais quel involontaire aveu dans cette identification des veaux à peine nés à des petits enfants !

C

Compagnie

Écrire, et voir un chat installé sur la table au milieu des feuillets, monter un cheval en forêt par un petit matin brumeux, se promener dans la campagne avec un chien...

Les chats, les chevaux, les chiens ! « Le chien est le seul être sur cette terre qui vous aime plus qu'il ne s'aime lui-même », dit un auteur cité par Darwin. Certes... Mais il ne faudrait pas que l'enchantement de la présence animale, que l'idylle avec les animaux domestiques occulte la condition des autres animaux. Car, outre cette détresse et cette douleur que nous infligeons aux bêtes que nous consommons, il faut bien ajouter la pêche de loisir et surtout la chasse.

On a pu dire que le devenir chasseur de l'homme est inséparable du devenir humain du chasseur. Que faut-il penser de ce dogme anthropogénétique ? J'essaie de me raccrocher à la joie que nous donnent ces animaux familiers, j'essaie de ne pas être systématiquement larmoyante, indignée, antihumaniste, et je me méfie d'un robespierrisme animalier qui finirait par priver l'homme de tous ses droits. Car je me rappelle qu'avec l'abolition des droits féodaux le droit de chasse a été accordé à tous, la nuit du 4 août 1789.

D

Droit

Les philosophes ont toujours pensé que, les animaux ne pouvant pas passer de contrats, puisqu'ils ne parlent pas, il n'y avait pas plus de rapports de justice entre eux qu'entre nous et eux. Or Bentham, au XIXe siècle, a posé la seule bonne question : non pas « peuvent-ils raisonner [ou] peuvent-ils parler, mais peuvent-ils souffrir[3] ? ». C'est dans sa trace que certains demandent aujourd'hui, de manière radicale, qu'on substitue une charte des droits du vivant à la déclaration des droits de l'homme, comme le fait Lévi-Strauss — ou que d'autres réclament l'extension des droits de l'homme aux chimpanzés.

Ce sont là des outrances, elles ne font pas pour autant disparaître la question d'un droit pour les animaux : elle n'a jamais été davantage à l'ordre du jour. Mais elle soulève des problèmes non pas tant d'ordre métaphysique que de technique juridique. Car le droit a une visée universelle, il est le même pour tous. Or, en ce qui concerne les animaux, on ne pourrait légiférer que de façon différentielle, c'est-à-dire selon les espèces.

E

Expérimentation

Darwin raconte l'histoire de ce chien qui léchait la main de l'homme qui opérait sur lui une vivisection. Peut-on se représenter, par empathie, ce que représente, sur la durée, la solitude, la souffrance, le silence d'un animal de laboratoire ?

L'expérimentation animale devrait se régler sur la déontologie dite des trois R. Le *remplacement*, quand il est possible, qui consiste à substituer à des espèces sensibles des espèces non sensibles, ou à mener des expériences *in vitro* ; la *réduction*, à défaut de *remplacement*, qui consiste à limiter le nombre des expériences sur les animaux sensibles aux seules expériences considérées comme indispensables ; le *raffinement* qui vise à diminuer, autant que possible, la souffrance infligée. Mais, malgré la création de comités d'éthique pour l'expérimentation animale, les chercheurs supportent mal qu'on les contrôle.

En tout cas, il faudrait éliminer les expérimentations qui ne sont pas de l'ordre des recherches fondamentales et thérapeutiques.

F

Férocité

Elle n'est pas l'apanage des tigres. On peut faire la liste des actes féroces dont nous nous rendons communément responsables. Férocité des réveillons où l'on mange du foie malade issu du gavage des oies et des canards. Férocité des safaris et des carnages de cétacés, férocité des combats de coqs et de chiens, férocité, il faut le dire, de la corrida.

G

Génie génétique

La technique s'est entièrement emparée du vivant, depuis que nous sommes capables d'isoler, d'identifier et de recombiner tous les gènes : nous avons mis le patrimoine génétique de la planète à notre disposition et nous sommes entrés dans une ère qui sera celle de la transgénèse. Le transgénéticien ne considère pas chaque organisme individuel, chaque vivant, chaque animal comme une entité isolée, mais comme un ensemble provisoire de relations définies dans un contexte mouvant, en train de devenir quelque chose d'autre. C'est comme une métamorphose continuelle. Grâce aux récents progrès du génie génétique, chaque espèce biologique doit être considérée comme une banque de gènes, et une espèce est désormais un classeur à feuillets mobiles dont chaque page ou gène est disponible pour se prêter à des transferts entraînant la modification d'autres espèces.

H

Homme

Différence nommée pompeusement zoo-anthropologique, autrement dit, propre de l'homme. Pourquoi cet acharnement à répéter que ce que nous faisons, aucun animal ne saurait le faire, alors que de nouveaux acquis scientifiques ne cessent de démentir cette autoglorification ? Le séquençage du génome du chimpanzé a fait apparaître plus de 99 % de gènes en commun avec l'homme. Encore faut-il se méfier du « tout génétique » et du programme de naturalisation de l'esprit. Car il nous appartient alors désormais de décrire ce que nous avons fait du 1 % restant et de demander ce que nous en ferons, tout en maintenant disjointes des interrogations hétérogènes, celles qui portent sur l'origine de l'homme et sa parenté avec les autres espèces animales, d'une part, et celles qui touchent à la signification de l'humain, de l'autre. Il faudrait ne pas parler, hors du champ scientifique du moins, de l'animal humain. On peut donner leur droit aux animaux et leur rendre justice, sans pour autant vexer les hommes, et risquer de les déresponsabiliser.

I

Industrialisation

Barbarie de certaines pratiques de la zootechnie, des techniques agro-alimentaires, de ces élevages intensifs où les animaux ne peuvent plus exprimer les comportements naturels de leur espèce. Catherine Larrère et Raphaël Larrère ont écrit un article intitulé « Actualité de l'animal machine[4] ». Ils montrent que la zootechnie transforme l'animal en une machine thermodynamique, qu'on force les vaches à ingurgiter des rations toujours plus énergétiques et protidiques pour produire de plus en plus de cette matière première qu'est le lait. C'est la filière Lait... Elle évoque aussi ces bovins, modifiés par sélection jusqu'à ce qu'ils aient des parties arrière énormes, de telle sorte qu'ils ne peuvent plus naître que par césarienne. C'est la filière Viande... Les Larrère considèrent que l'industrie agro-alimentaire rompt « le contrat naturel ».

Le vivant est hétérotrophe : un animal ne peut vivre qu'au détriment du vivant. Et l'éventuelle nécessité pour l'homme d'inscrire sa survie dans la chaîne alimentaire est une chose, la recherche exclusive du rendement, le productivisme mercantile en est une autre.

J

Je

Il y a des « sujets » qui ne peuvent pas dire « je ». Les animaux, disons les vertébrés, sont des individus situés dans un environnement avec lequel ils intera-gissent, ils ne sont pas des parties du monde, mais chaque espèce, et peut-être même chaque animal a un certain rapport particulier au monde, une sponta-néité, une subjectivité. Psychisme animal, ego psychi-ques, maladies psychiques : les animaux ne sont pas des êtres de la nature. La différence avec les plan-tes ? l'inquiétude, l'incomplétude qui caractérise le vivant animal. C'est cela que Husserl nomme l'âme et que les éthologues s'attachent à décrire.

K

Kyrie eleison !

Traduit du grec : « Seigneur, ayez pitié ! » Si les animaux maltraités adressaient cette supplication au maître et possesseur de la nature, l'entendrionsnous ? Écoutons plutôt Cyrano de Bergerac, philosophe libertin du XVIIe siècle[5], et son « réquisitoire fait au nom de la perdrix tuée à la chasse ». Il présente un « plaidoyer fait devant le parlement des oiseaux » contre « un animal accusé d'être un homme[6] ». La partie civile qui représente la perdrix demanderesse, « arrivée du monde de la terre, la gorge encore entrouverte d'une balle de plomb », requiert contre l'homme au titre de la « République des vivants[7] ». L'accusation comporte trois points. D'abord l'homme est présenté, en raison de ses crimes, comme dégradé de la raison et de l'immortalité que possèdent à l'inverse les oiseaux. Sa seule apparition fait immédiatement horreur aux animaux, et du reste les actes et les gestes qui caractérisent son propre manifestent en réalité son infériorité. Il rit comme un fou, il pleure comme un sot, il se mouche comme un vilain, il est plumé comme un galeux, il porte la queue devant, il a dans la bouche des petits grès carrés qu'il ne songe ni à cracher ni à avaler, il joint ses mains pour prier le ciel comme s'il regrettait d'en avoir deux, il s'agenouille et « tombe sur ses gigots », bourdonne des « paroles magiques », puis[8] « ses jambes rompues se rattachent[8] ». Un tel animal mérite la mort, car il rompt par le sang les pactes de la mère nature, il contrevient à l'égalité qui maintient toute république : « il se rue sur nous pour nous manger », et se révèle d'autant plus « barbare » que nous lui apparaissons faibles. L'homme mérite donc la mort, lui qui « attribue tout joliment sur nous le droit de vie et de mort ».

L

Langage

N'ont-ils pas toujours exprimé leurs sentiments et échangé avec nous par leurs cris et leurs gestes, ne savent-ils pas se faire comprendre quand nous les connaissons un peu ? Maintenant, si l'on tient compte des progrès de l'éthologie des primates, on découvre que les singes supérieurs, en particulier les chimpanzés et les guenons, communiquant avec les hommes par la langue américaine des signes et par ordinateur, peuvent acquérir jusqu'à mille mots. Quelle différence alors avec « nous » ? Réponse : « Un chien qui meurt et qui sait qu'il meurt comme un chien et qui peut dire qu'il sait qu'il meurt comme un chien est un homme », écrit Erich Fried, essayiste et poète juif autrichien[9].

Mais, beaucoup plus décisive, en fin de compte, que la question du langage animal, est celle des « cultures animales ». D'abord, les animaux perçoivent des signes à interpréter, ils ne fonctionnent pas selon le schéma excitation-réponse. Une mère qui apprend à son petit comment casser une noix sait ralentir son geste... Culture animale encore, ces comportements de réconciliation, de pitié, de sacrifice de soi-même que décrit Frans de Waal[10].

M

Métempsycose

« Ne cesserez-vous donc ces massacres cruels [...] », demande Empédocle, « le père prend son fils qu'il ne reconnaît pas[11] [...] », ajoute-t-il, avant de parler du « crime de nourriture[12] ». La croyance à la réincarnation, à la transmigration des âmes que Pythagore est le premier philosophe à avoir mentionnée permet de nier la mort et d'affirmer que la différence entre les animaux et les hommes n'est que provisoire. Descartes en faisait un de ses arguments contre l'âme des bêtes. Mais si des âmes humaines habitent des corps de bêtes, comment alors s'assurer que le mangeur de viande n'est pas un cannibale ? Belle croyance, quand même, que celle m'autorisant à me demander si cet oiseau qui vient se percher devant ma fenêtre n'est pas l'âme de tel être cher que j'ai perdu.

N

Nazisme

De toutes les contrevérités destinées à accabler les défenseurs des bêtes, celle qui consiste à répéter que Hitler et les hitlériens protégeaient d'autant plus les animaux qu'ils exterminaient les juifs est sans doute la plus méprisable. Hitler n'était pas végétarien, il souffrait de flatulences, se nourrissait de boulettes de viande, et a expérimenté le poison sur sa chienne avant de se suicider. Par ailleurs, les législations weimarienne et nord-européennes avaient élaboré des lois de protections animales bien avant l'arrivée du nazisme au pouvoir.

O

Oies

Malgré les rigueurs du siège de Rome par les Gaulois, les assiégés avaient gardé en vie les oies sacrées du Capitole. Lorsque, une nuit, l'ennemi tenta de s'emparer de la place forte par surprise, les sentinelles épuisées ne les entendirent pas mais les oies se mirent à jacasser et ce sont elles qui donnèrent l'alerte. À partir de 1943, il y eut des troupeaux d'oies dans le camp d'extermination nazi de Sobibor, des oies dont les criailleries couvraient d'autres cris, ceux d'êtres humains qui comprenaient qu'on les avait amenés là pour les assassiner : séquence saisissante du *Sobibor* de Claude Lanzmann.

P

Primates

Septembre 2005, revue *Nature*. Une équipe internationale vient de livrer le résultat de ses recherches sur le séquençage complet du génome du chimpanzé. Bien que 99 % des 3 milliards de paires de bases formant notre double hélice d'ADN soient identiques à celles du chimpanzé, la différence entre notre génome et celui de ce grand singe est, malgré tout, dix fois plus grande que celle qui existe entre deux êtres humains. Cette étude confirme une séparation « récente » entre la branche humaine et celle des chimpanzés. Depuis une cinquantaine d'années, le développement de l'homme sur la planète se poursuit au détriment de nos cousins grands singes. On répertorie actuellement plusieurs menaces. D'abord, la destruction de leur habitat naturel par l'homme. Afin d'augmenter les surfaces agricoles, les hommes détruisent de manière intensive les forêts pour cultiver, pour construire des routes, ce qui fait que le domaine naturel des grands singes se rétrécit de manière drastique. Au rythme actuel, le Programme des Nations unies pour l'Environnement estime que l'habitat forestier des grands singes africains en 2030 sera diminué de 90 %. La situation pour les gorilles sera bien pire : c'est 99 % de leur habitat qui aura disparu ! Ensuite, les maladies et les épidémies. Le virus Ebola est aussi meurtrier pour l'homme que pour les chimpanzés et les gorilles. Plusieurs milliers de primates ont ainsi été décimés lors des dernières épidémies du virus. Enfin, la chasse et le braconnage par les populations rurales malgré les interdictions gouvernementales. Plus coupable est le braconnage effectué dans le but de vendre des jeunes singes. On estime qu'il ne reste, actuellement, que 300 à 400 000 grands singes sur la planète. Les faire figurer dans le patrimoine de l'humanité peut sembler la seule bonne manière de les protéger.

Q

Quasi

Comme si, presque, comme si les animaux nous comprenaient, comme s'ils savaient ce qui les attend... Un peu d'anthropomorphisme ne saurait nuire, pourvu qu'il ne contrarie pas les données de l'éthologie.

R

Regard

Aucun animal n'aurait de regard... Les bêtes ne feraient jamais que scruter, épier, guetter. Mais les philosophes qui exaltent ce propre-là de l'homme ont-ils seulement regardé un chimpanzé, les yeux dans les yeux, ont-ils jamais vu ce regard dont les expéri-

mentateurs eux-mêmes avouent qu'il les boule-
verse ? Les chiens, eux, baissent les yeux devant le
regard des hommes.

S

Spécisme

C'est le concept accusatoire par lequel les « animalistes » qualifient l'« humanisme ». Construit sur
le modèle de racisme et de « sexisme », il permettrait de critiquer et de condamner l'humanité, cette
espèce parmi les espèces, qui se considère abusive-
ment comme différente et jouissant d'un droit sans
limite sur les « animaux non humains ». Cette terminologie est abusive, car elle traite comme une évidence naturelle la prétendue égalité de droits entre les
hommes et les autres vivants. Nous, les hommes, ne
sommes pas spécistes, nous sommes parfois inhumains.

T

Tuer

Pour se nourrir (abattage), pour se distraire
(chasse), pour participer à une fête (corrida), pour
contenter Dieu ou les dieux (sacrifice). Tuer toujours. Tuer.

Mais c'est de l'abattage ordinaire qui nous fournit
notre viande quotidienne que je voudrais parler, car
j'ai subi l'épreuve de lire, pour le préfacer, un livre de
Jean-Luc Daub, intitulé *Ces bêtes qu'on abat* (L'Harmattan, 2009). Il décrit les animaux suspendus par les
pattes avant l'égorgement, souvent conscients et
même parfois découpés vifs parce que mal étourdis

ou encore saignés sans étourdissement préalable comme les rites sacrificiels des juifs et des musulmans le prescrivent. Il évoque le cas particulièrement poignant des coches, ces truies destinées à la seule reproduction. Inséminées à un rythme infernal, elles ont mis bas des centaines de porcelets. Immobilisées dans des stalles métalliques, reposant sur des sols de caillebotis qui permettent l'écoulement des excréments, privées de la paille nécessaire pour faire leur nid, empêchées de remuer, elles entendent, impuissantes, les cris de leurs petits, que l'on castre à vif et dont, par un surcroît de cruauté inutile, on coupe la queue et lime les dents. Au terme de cette effroyable survie, les coches sont bonnes à égorger. Mais un grand nombre d'entre elles, incapables de se mouvoir, ne profitent pas des mesures réglementaires d'abattage d'urgence à la ferme, car les éleveurs considèrent qu'elles leur causent trop de frais. Elles sont donc traînées dans la bétaillère, puis en sont extraites au moyen de treuils à moins qu'elles ne soient déversées comme des pommes de terre. Et elles agonisent, sans possibilité de s'abreuver, devant l'abattoir où grâce ne leur a pas été accordée d'entrer pour y être saignées. Quant au vétérinaire, il tarde trop souvent à les euthanasier, comme s'il n'avait en charge que l'hygiène et la qualité de la viande, alors que le code rural stipule qu'il doit veiller aussi à la protection des animaux.

U

User, abuser

Une division fondamentale du droit interdit de rapprocher le statut des choses ou des biens de celui des personnes. Mais où placer les animaux ? Tenus pour des êtres vivants, ils constituent pourtant des objets de transactions : appropriables mais sensibles, ils apparaissent comme les seuls êtres au monde à ne pouvoir être traités ni comme des sujets, ni comme des objets.

V

Victimes

Martyrs, ces vertébrés, ces mammifères nés, élevés et tués pour être mangés. Innocence des bœufs. Et si l'on songe à ces choses au moment d'« attaquer » un morceau de *viande*, cette pensée fait-elle pour autant de nous des végétariens ? Il faut arrêter de railler le végétarisme : c'est une exigence exorbitante pour la plupart d'entre nous, mais qui permet une critique effective des mœurs meurtrières de ce temps.

W

Wagons

Transportant des chevaux d'Europe de l'Est, ces bétaillères que nous doublons sur la route : transports d'animaux entassés, assoiffés, blessés, terrorisés. C'est ce qu'on appelle « la viande sur pieds ».

X

Xénogreffes

Transplantation d'un greffon quand le donneur est d'une espèce biologique différente de celle du receveur. Le porc est l'un des meilleurs animaux donneurs d'organes pour l'humain. Des recherches ont été entreprises sur des porcs transgéniques, qui pourraient fournir des organes « humanisés ». Leurs cœurs remplaceraient un jour nos tissus défaillants. On voudrait pouvoir s'en réjouir.

Y

Ypérite

Qui pense encore à ces chevaux, à ces compagnons de combat que montaient des cavaliers munis de masques à gaz, et à ces mulets et à ces chiens qui, pendant la Grande Guerre, furent asphyxiés, eux aussi, par le gaz moutarde qu'on nomme ypérite à cause des batailles qui eurent lieu à Ypres ?

Z

Zoophilie

On peut aimer certains récits de métamorphoses, ces fables mythiques d'unions charnelles entre mortels et dieux changés en animaux, on peut savoir que ces pratiques ont toujours existé chez tous les peuples et, en même temps, se sentir accablé par la pornographie zoophile qui, dit-on, se répand sur Internet. Faut-il rappeler que la loi du 9 mars 2004 incrimine les sévices sexuels exercés sur un animal domestique, apprivoisé ou tenu en captivité ?

ÉLISABETH DE FONTENAY

CHAPITRE PREMIER

L'homme, point culminant de l'évolution ?

Hommage à Darwin et à Claude Lévi-Strauss

> « Le barbare est celui qui parle de barbarie. »

« Qui sont les animaux ? » voilà enfin une question dont la formulation autorise un échange entre les scientifiques évolutionnistes et les philosophes. Car jusqu'à présent, on disait : « l'homme et l'animal », ou « l'homme descend du singe », avec des termes au singulier et interpellant des concepts essentialistes. Or, les essences étant, par définition, éternelles et fixes, elles sont fondamentalement incompatibles avec l'idée la plus élémentaire d'évolution.

Charles Darwin — dont nous avons célébré en 2009 le 200ᵉ anniversaire de la naissance — a écrit un livre majeur dont le titre occulte le véritable dessein. *L'origine des espèces au moyen de la sélection naturelle* est un pavé jeté dans la mare de l'ontologie et de la métaphysique. Il dégage l'espèce de toute notion essentialiste puisqu'elle n'est que la conséquence d'une fonction, réunissant à un moment donné de l'histoire de la vie ou d'une lignée l'ensem-

ble des individus pouvant se reproduire entre eux.
Quant à la notion d'origine au sens de l'émergence,
il n'en est pas question dans ce qui est, en fait, un
traité des variations, de leur sélection et de leur
transmission, ce qu'il nomme la descendance avec
modification. *L'Origine des espèces* ne traite que de
la variation des populations dans le temps et dans
l'espace.

Il y a aussi un autre Darwin, celui de *La Filiation
de l'homme en relation avec la sélection sexuelle* de
1871 et de *L'Expression des émotions chez l'homme
et les animaux* de 1872. Il ouvre un programme de
recherche anthropologique et évolutionniste qui,
dans les faits, ne sera investi qu'un siècle plus tard
par Frans de Waal et moi-même ; l'un arrivant du
côté des chimpanzés, l'autre par la paléoanthropologie. Car lorsque Darwin publie ces deux livres
majeurs, la théorie de l'évolution au moyen de la
sélection naturelle est à la fois mal comprise et
amputée de ses principes darwiniens les plus fondamentaux. On admet l'idée d'évolution, mais en y
associant quatre concepts non scientifiques : l'essen-
tialisme, l'anthropocentrisme, le finalisme et le scalisme (échelle naturelle des espèces). On accepte
l'idée de transformation des espèces, mais selon un
dessein interne déterminé par sa finalité, retrouvant
en cela l'étymologie du terme « évolution » qui
vient d'*evolvere*, ce qui signifie « dérouler un programme ». Vieux débat s'il en est entre les causes
finales et les causes efficientes ; avec cette tautolo-
gie qui prétend — à propos de l'*hominisation*
comme du « principe anthropique » — que si
l'homme est sur la Terre après une si longue histoire de la vie, c'est bien parce qu'il devait en être
ainsi. Une affirmation digne du Dr Pangloss de Vol-
taire.

Pour répondre à la question « l'homme est-il au sommet de l'évolution ? », il convient de rappeler ce qu'est l'évolution, à la fois dans ses mécanismes et dans son histoire. Ce sera l'objet de la première partie de cette contribution. La seconde partie sera une réflexion qui interpelle la philosophie en une sorte d'exercice non pas d'antiphilosophie, mais de non-philosophie. En d'autres termes : évoquer les incompatibilités épistémologiques entre la démarche objectiviste de la science qui étudie les animaux sans *a priori* — en tout cas en proposant des hypothèses testables par l'observation et/ou l'expérimentation — et l'exercice d'une raison pure qui déploie son génie à démontrer des postulats de base, comme celui d'animal, saisi de façon axiomatique et en refusant toute ingérence d'autres domaines de la production des connaissances pour en débattre la légitimité. Enfin, il sera intéressant de discuter des conséquences humanistes et éthiques de ces deux façons de penser l'homme.

L'HOMME ET L'ÉVOLUTION

D'abord, c'est quoi l'évolution ?

La théorie de l'évolution[1] est une théorie du changement dans la nature qui ne fait intervenir que des mécanismes et des lois de la nature. C'est une théorie scientifique fondée, comme toute théorie scientifique, sur une méthodologie matérialiste. Il ne s'agit pas d'une philosophie matérialiste qui nie celle de l'esprit, puisque, comme nous le verrons à propos de nos origines communes avec les chimpanzés, elle aborde la question des représentations mentales, appelée « théorie de l'esprit ». Mais elle est matérialiste dans son refus de faire intervenir toute notion spiritualiste, de sens, de transcendance, d'immanence, de vitalisme… Cette théorie réunit dans un corps cohérent et heuristique un grand nombre de théories venant de disciplines différentes. La *consilience* est l'une de ses fondations les plus solides puisque des disciplines des sciences de la vie et de la Terre dont les objets d'études comme les méthodes — par exemple la génétique, la paléontologie, la médecine… — contribuent à son édification, non pas dans un syncrétisme recherché, mais en confrontant leurs acquis.

Il faut distinguer deux grands aspects de la théorie de l'évolution, souvent mal compris car confondus. Le premier concerne les mécanismes ou « comment se fait l'évolution » ; le second s'intéresse à « comment s'est faite l'évolution ». L'étude des mécanismes répond aux conditions épistémologiques des sciences expérimentales ou dites dures comme la physique ou la chimie : sélection naturelle, sélection sexuelle, dérive génétique, effets fondateurs, adaptation physiologique ou biomécanique, écologie, éthologie… Les « lois » de la physique ou de la chimie sont établies comme « universelles ». Leurs effets sont reproductibles et observés partout dans le temps et dans l'espace ; c'est bien ce que signifie l'idée de « gravitation universelle » dès que des masses sont en présence. Il en va de même pour les « mécanismes de l'évolution » qui s'observent dès qu'il y a de la vie, autrement dit duplication ou reproduction et variation. Par contre, il n'existe pas de « lois » de l'évolution comme il existe des lois de la matière. Les effets des mécanismes de l'évolution dépendent d'une multitude de facteurs indépendants les uns des autres ce qui, même s'ils sont déterminés ou contraints par des « lois » qui leur sont propres (trajectoires des météorites, cycles de Milankovitch et glaciations, tectonique des plaques et volcanisme...), créent du hasard et de la contingence. Donc, si les mécanismes ou processus sont universels, ce n'est pas le cas pour leurs résultats.

L'autre aspect de la théorie de l'évolution s'intéresse à ce qu'on appelle la structure de l'évolution. Il s'agit des classifications (systématique) et de l'histoire de la vie (paléontologie). C'est là une dimension épistémologique que n'ont pas les sciences dures, mais celle des sciences historiques. Le registre de la preuve dépend des documents disponibles et des méthodes pour les analyser, comme en philologie et en archéologie.

La sélection naturelle et autres mécanismes

Darwin fonde sa théorie de la sélection naturelle sur trois faits admis de tous : 1/ chez les espèces sexuées, tous les individus sont différents les uns des autres ; 2/ ces différences sont en partie héréditaires puisque la descendance possède des caractères venant des parents ; 3/ les individus ont tendance à se multiplier, ce qui finit par poser des difficultés pour accéder aux ressources. Comme Darwin avait observé au cours de son grand voyage que les populations des différentes espèces étaient relativement stables, il en infère qu'il y a limitation démographique, donc sélection. Il nomme ce processus « sélection naturelle » en référence à la sélection artificielle pratiquée par les éleveurs. Mais si l'éleveur poursuit un objectif, ce n'est pas le cas dans la nature. La sélection naturelle n'est pas la « survie du plus apte » ou la « loi du plus fort ». Les facteurs de sélection naturelle sont multiples : résistance aux maladies, accès aux nourritures, évitement des prédateurs, compétition pour les partenaires sexuels et la chance, par exemple face à un changement brutal ou catastrophique. La sélection naturelle exprime le fait que certains individus laissent une plus grande descendance que d'autres et, par conséquent, ce n'est pas l'individu qui évolue, mais la population ; plus précisément la fréquence relative des caractères et des gènes d'une génération à l'autre.

La sélection naturelle fonctionne sur le couple variation/sélection, les deux étant dissociées. Les variations apparaissent indépendamment des effets qu'elles peuvent avoir sur un organisme ; ensuite la sélection agit sur ces variations. C'est ce qu'on appelle l'« algorithme darwinien ». Les variations sont la conséquence de la variabilité, dont les causes sont diverses, depuis les mutations génétiques jusqu'au choix des partenaires sexuels avec toutes les problématiques de la sélection sexuelle. Le « moteur » de l'évolution repose sur la variation qui fait l'objet de la sélection, cette dernière favorisant la variabilité des organismes, formant ce qu'on appelle un système autocatalytique.

Les variations et les caractères qui leur sont liés émergent sans aucune relation potentielle avec la valeur sélective et adaptative des individus. Notons qu'au niveau du génome, des portions d'ADN se dupliquent et mutent sans donner de caractères apparents, la plus grande partie de l'ADN étant silencieuse, cet ADN dit « poubelle » représente une autre source de variation. Tout cela renvoie à la notion de causes efficientes et élimine toute cause finale.

Dans *Qu'est-ce que l'humain ?* (Le Pommier, 2003) Michel Serres résume ainsi cette propriété fondamentale du vivant : « Plutôt que de chercher une cause, mieux vaut considérer les variations dans un éventail de contraintes multiples. »

On retrouve un débat qui occupe la philosophie depuis la haute antiquité avec cette question attribuée à Lucrèce : « Est-ce que l'œil est apparu pour voir ou est-ce que la vision est apparue parce que l'œil existait déjà ? » La théorie darwinienne marque une rupture avec une longue tradition de la philosophie depuis Socrate et de la science depuis Francis Bacon et René Descartes. Depuis la naissance des sciences modernes avec Galilée et Newton, l'idéal scientifique cherche à établir des lois universelles traduites par des équations mathématiques. Le déterminisme de Laplace vise à éliminer toute forme de hasard. Darwin s'efforcera de s'approcher de cet idéal auquel la vie se refuse. Il renoue avec la pensée de quelques philosophes présocratiques, chez lesquels on croit reconnaître des précurseurs de la pensée évolutionniste comme Anaximandre ou Héraclite — à qui on doit le célèbre aphorisme : « On ne se baigne jamais deux fois dans le même fleuve » — ou encore Démocrite, auquel Jacques Monod emprunte le titre de son livre *Le Hasard et la Nécessité* (Éditions du Seuil, 1970).

Avant les origines de la lignée humaine

La lignée humaine ou sous-famille des homininés se sépare très récemment de sa lignée sœur, celle des chimpanzés ou paninés[2]. Cet événement se passe entre 5 et 7 millions d'années quelque part en Afrique. Auparavant, la vie a évolué et s'est déployée en dessinant un arbre composé des milliers de branches depuis une ascendance commune qui remonte à presque 4 milliards d'années. Cet arbre a une forme singulière. Selon une image proposée par Stephen Gould (*L'Éventail du vivant*, Éditions du Seuil, 1997), il faut penser à un arbre qui émerge au pied d'un mur, situé par convention à gauche et qui représente la matière non vivante ; il ne peut donc s'étendre que sur la droite. Cet arbre pousse avec un tronc principal formé de trois très grosses branches qui correspondent aux trois empires d'unicellulaires. Hier comme aujourd'hui, la quasi-totalité de la matière vivante ou biomasse vient des unicellulaires. Seule la grosse branche des eucaryotes ou cellules à noyaux donne des organismes pluricellulaires autour de 2 milliards d'années. L'invention de la sexualité et du développement favorise l'apparition d'organismes diversifiés avec des tailles plus grandes. L'arbre du vivant s'enracine dans l'eau et étend ses nouvelles branches vers la droite. Mais il faut comprendre que toutes les branches — sauf celles qui s'éteignent — continuent à pousser, le plus souvent en donnant de nouvelles branches.

Darwin utilise la métaphore du récif de corail, exprimant en cela cette idée fondamentale que toutes les espèces d'une époque sont récentes et qu'elles sont l'expression de leurs lignées respectives, les espèces vivantes reposant sur les débris des espèces ancestrales. Alors que le socle des atolls volcaniques ne cesse de s'enfoncer, les coraux doivent se renouveler pour survivre juste en dessous de la surface de l'eau. Notre arbre actuel du vivant ressemble à un arbre dépourvu de branche à la gauche de son tronc principal — le mur de la matière inerte — dont la couronne serait taillée « à la française » — coupe en brosse — en dissimulant en dessous une multitude de branches digne d'un jardin « à l'anglaise ». Ce n'est que dans le haut de la couronne et très à droite qu'on finit par repérer la branche des mammifères — 150 millions d'années — avec la branche plus petite des primates — 55 millions d'années —, puis la branche encore plus frêle des anthropoïdes ou singes — 45 millions d'années — avec une petite brindille, celle des homininés — 7 millions d'années — portant une vingtaine d'espèces fossiles connues et dont une seule a survécu, notre espèce *Homo sapiens*. Peut-on parler de sommet dans un tel arbre ? C'est possible à condition de le retailler à l'aide du scalisme, du finalisme et de l'anthropocentrisme, ce que font tous les adeptes d'une évolution dirigée ou orthogénétique. Cette conception s'appuie sur la croyance que l'ontogenèse — l'histoire de vie d'un individu depuis sa conception — et la phylogenèse — l'histoire des espèces depuis les origines de la vie — se confondent, avec l'homme au sommet. L'homme serait un microcosme qui reproduit le macrocosme, un bel exemple d'analogisme conçu au Moyen Âge qui repose sur le scalisme et l'anthropocentrisme. C'est pour cette raison que Darwin a longtemps hésité à emprunter le terme *évolution* qui, dans sa formulation initiale, rapporte une certaine idée de l'ontogenèse — qui confond téléonomie et téléologie — à une idée certaine de la phylogenèse (orthogenèse et finalisme).

Pour filer la métaphore, quand on grimpe dans un arbre et qu'on se retrouve en haut, on a l'impression d'avoir suivi le meilleur chemin, celui par lequel on redescend. On a longtemps chercher à reconstituer ainsi l'histoire de la vie, en partant de l'homme et en repartant vers le tronc, le regard dirigé vers le bas et sans jamais porter le regard sur les autres branches rencontrées à chaque embranchement. Voilà une propension assez humaine, celle

qui consiste à croire qu'il n'y a qu'un seul chemine-
ment, oubliant qu'au commencement, au pied de
l'arbre, l'itinéraire n'avait rien d'évident, pas plus
que ce qui compose le sommet de la couronne. En
écho avec nos parcours de vie, beaucoup de personnes qui « ont réussi » ou « fait carrière » ont tendance à présenter leur réussite comme une destinée
ou un chemin tracé par leur seule volonté, oubliant
toutes les circonstances indépendantes de leurs
actions qui l'ont façonnée ou qui auraient pu tout
changer. Il en va ainsi des mythes fondateurs, qui
sont toujours conçus *a posteriori*. Les idées les plus
courantes sur l'évolution de l'homme rassemblent
tous ces clichés anti-darwiniens.

Les neuf dixièmes de l'histoire de la vie s'écoulent
dans l'eau avant que les plantes, puis les insectes et
vertébrés sortent du milieu aquatique. La vie a déjà
connu deux immenses extinctions dues au volcanisme, à la tectonique des plaques et aux météorites, sans oublier la grande glaciation Varanger qui
aurait recouvert toute la Terre de glace il y a environ 800 millions d'années (on sait très peu de chose
sur ce qu'a été la vie de l'autre côté de ce miroir
de glace). Plusieurs autres grandes extinctions sui-
vront, toutes causées par des phénomènes aujourd'hui
bien connus, obéissant à des lois déterministes de
la physique, de l'astrophysique et de la géophysi-
que, mais peu prédictibles et, étant indépendants
les uns des autres, avec pour conséquence de provoquer du hasard. (C'est l'histoire de la tuile arrachée
par le vent qui assomme le piéton allant chercher
son pain à la boulangerie.) Hormis les catastrophes
de grande amplitude, il en est d'autres plus modes-
tes, mais pas moins conséquentes pour notre évolution récente, comme la « grande coupure » qui
contraint les primates à se replier sur l'Afrique et le

sud de l'Asie avec, au passage, l'apparition des simiens ou anthropoïdes — nous appartenons à cette branche —, ou plus tard l'assèchement de la Méditerranée qui sanctionne le déclin des grands singes hominoïdes — nous appartenons aussi à cette branche plus modeste des simiens — avant que les fluctuations climatiques dues aux glaciations entrent en scène.

Dans la nature actuelle, les hommes et les grands singes actuels, les hominoïdes, ne sont plus représentés que par sept espèces ; une quinzaine si on inclut les gibbons et les siamangs de l'Asie du Sud-Est. C'est peu si on se réfère à l'âge d'or des hominoïdes en Afrique il y a 25 à 15 millions d'années, ce qu'on appelle le miocène (inférieur). On connaît une centaine d'espèces et de genres fossiles de toutes les tailles, depuis à peine un kilogramme jusqu'à une centaine de kilogrammes. La plupart sont arboricoles, quadrupèdes et munis d'une longue queue. Les plus corpulents ont des mœurs plus terrestres ou se suspendent et ont perdu la queue, annonçant les grands hominoïdes actuels que sont les hommes, les chimpanzés, les gorilles et les orangs-outangs. Seuls survivront les hominoïdes de grande taille capables de se suspendre ; les niches écologiques pour des anthropoïdes ou simiens de petites ou moyennes tailles étant conquises par un groupe en pleine expansion depuis le miocène moyen : les cercopithécoïdes ou singes à queue, c'est-à-dire les ancêtres des macaques, babouins, entelles, cercocèbes, cercopithèques… actuels. Les quelques grands singes hominoïdes actuels — dont l'homme — vivent sur la « planète des singes à queue » et non pas sur celle des grands singes comme dans le roman de Pierre Boulle et les films qui en ont été tirés. Les origines de la lignée humaine s'inscrivent dans un groupe dont le déclin est déjà sanctionné, puisque la lignée des hominoïdes européens s'éteint vers 6 millions d'années et celle des hominoïdes asiatiques se recroqueville sur le sud de l'Indochine avec d'ultimes refuges pour les derniers orangs-outangs de Sumatra et de Bornéo. La seule lignée qui résiste est la nôtre, celle des grands hominoïdes africains ou hominidés dont les survivants actuels sont les chimpanzés, les gorilles et les hommes.

Des origines d'une lignée humaine déjà très humaines

Comment peut-on se représenter nos origines communes avec les chimpanzés actuels ? Répondre à cette question est très simple. Mais pour cela, il faut laisser de côté l'homme, le singe ou l'animal des philosophes et des théologiens et s'intéresser aux animaux, en l'occurrence aux singes et aux grands singes ; passer de la singularité des essences à la diversité des espèces. L'homme, le singe ou l'animal des philosophes et des théologiens sont des essences à vocation ontologique dénuées de toute interrogation objectiviste. Pour les sciences de la nature et les évolutionnistes, ces termes regroupent des espèces définies par des critères — anatomie, gènes, chromosomes, physiologie, fonctions... — qui participent d'une analyse structurale, la systématique.

La systématique est la discipline scientifique qui se fixe pour tâche de proposer des classifications. Pour les animaux, la dixième édition du *Systema natura* ou *Système de la nature* de Charles Linné de 1758 constitue la référence. C'est à Charles Linné que l'on doit la taxonomie binomiale qui consiste à

donner deux noms latins à toute espèce. Pour les
sept espèces actuelles de grands singes, l'homme
prend le nom d'*Homo sapiens* ; les chimpanzés
robustes *Pan troglodytes*, l'autre chimpanzé gracile
ou bonobo *Pan paniscus* ; le gorille de l'ouest
Gorilla gorilla et celui de l'est *Gorilla beringei* ;
l'orang-outang de Bornéo *Pongo pygmaeus* et celui
de Sumatra *Pongo abelii*. Sauf pour *Homo sapiens*,
les noms scientifiques des grands signes sont plus
récents, et il y a eu bien des hésitations taxonomiques puisque les chimpanzés et les orangs-outangs
— les deux seuls grands singes connus au XVIIIe siècle — furent même inclus dans le genre *Homo* !

Les méthodes de la systématique ont considéra-
blement évolué en deux siècles et demi. Pour le très
fixiste Linné, il ne faisait aucun doute que certains
singes ressemblaient plus à l'homme qu'aux autres
singes, en l'occurrence les chimpanzés et les orangs-
outangs. Tous les singes dits de l'Ancien Monde (Afrique, Asie et Europe) possèdent des membres termi-
nés par cinq doigts portant des ongles ; le premier
n'a que deux phalanges, est plus court et s'écarte, ce
qui permet la préhension ; le cerveau est relativement plus développé et domine une face en retrait ;
les yeux se situent juste de part et d'autre de la
racine du nez ; ils ont une face dépourvue de poil
en son centre avec un vrai nez, alors que tous les
autres mammifères ont un museau avec une truffe
et de longs poils tactiles, les vibrisses ; les arcades
dentaires se composent de trente-deux dents accolées
les unes aux autres chez les adultes ; les femelles
n'ont qu'une paire de mamelles et mettent un seul
petit au monde après une longue gestation ;
l'enfance est longue et l'espérance de vie se compte
en dizaines d'années avec des vies sociales très
complexes. L'homme répond à ce portrait. Cepen-

dant, parmi ces singes, il y a les grands singes.
« Grand » signifie qu'ils pèsent plusieurs dizaines
de kilogrammes une fois adultes et que l'espérance
de vie dépasse les quarante ans avec un petit tout
les quatre à cinq ans pour les femelles. À cause de
leur taille, ils se déplacent sous les branches à l'aide
de longs bras. Les articulations de l'épaule s'orientent
vers le haut ; la cage thoracique est peu profonde
entre le sternum et la colonne vertébrale, mais large
d'un flanc à l'autre ; le bas du dos est court avec
cinq vertèbres lombaires et il n'y a plus de queue,
réduite à un coccyx. L'homme fait bien partie de ce
groupe des grands hominoïdes. Par conséquent,
dire que « l'homme descend du singe » n'a stricte-
ment aucun sens du point de vue de la systématique, et donc de l'évolution, puisque certains grands
singes nous ressemblent plus qu'à la grande majorité des autres !

Assez curieusement, ce sont les naturalistes de la
fin du XVIIIᵉ siècle — à l'instar de Buffon — qui
dégagent l'homme du voisinage de ces grands singes, alors que de grands esprits comme Diderot,
Rousseau ou Montesquieu étaient intrigués par
leurs aspects très humains. Il faut attendre la fin du
XIXᵉ siècle avec Thomas Huxley et Charles Darwin
pour que soit rétablie cette proximité, à nouveau
repoussée pendant un siècle, avant d'être réaffirmée
par la systématique moderne ou *cladistique*, renforcée par les classifications basées sur la comparaison
de l'ADN, la systématique moléculaire. De Linné à
aujourd'hui, la systématique a eu du mal à se dégager des présupposés de la théologie, de la philosophie et aussi des conceptions de l'évolution fondées
sur le scalisme. Ce qu'on appelle la *systématique
évolutionniste*, très attachée à la théorie synthétique
de l'évolution, reprend le schéma de l'inébranlable

échelle naturelle des espèces. On classe les espèces en fonction de leurs ressemblances structurales et aussi en ayant une certaine idée de l'évolution, d'où le nom de systématique évolutionniste. Par conséquent, tous les grands singes qui se suspendent dans les arbres et qui marchent à moitié redressés une fois au sol — chimpanzés, gorilles et orangs-outangs — forment la famille des pongidés tandis que l'homme — et ses ancêtres fossiles — compose la famille des hominidés marchant debout dans les savanes. Avec un tel schéma en tête, l'évolution est tautologiquement toute tracée avec, à la clé, la quête d'un chaînon manquant. D'où l'idée des origines d'une lignée humaine depuis des grands singes à moitié redressés, qui ne sont pas des chimpanzés mais qui leur ressemblent comme deux gouttes d'eau, et qui se mettent debout lors du passage dans la savane. Une telle conception de l'évolution d'un transformisme lamarckien caricatural ne tient que par la force du mythe représenté par le scalisme.

Comme l'avait fort bien souligné Darwin en son temps — ou un Cyrano de Bergerac et les libertins en d'autres temps —, une fois au sol, soit on est à quatre pattes, soit sur deux pattes. Seule l'échelle des espèces peut supporter un grand singe marchant à moitié redressé, ce que le squelette ne peut pas faire ; à moins d'avoir une canne. Malgré leur grand âge, les fossiles d'hominidés n'avaient pas de canne !

Darwin, se fondant sur les travaux de son ami Huxley, pensait que les chimpanzés étaient plus proches de nous que des autres grands singes, même des gorilles. Il est un des premiers à comprendre que nous ne descendons pas du singe, mais que nous partageons un ancêtre commun avec les grands singes. En d'autres termes, les classifications sont la conséquence d'une histoire de famille, l'évolution.

La systématique moderne, appelée *systématique phylogénétique*, se préoccupe de classer les espèces en fonction de leurs relations de parenté. Celles-ci s'établissent sur la base du partage exclusif de caractères dit dérivés ou évolués (bien que ce dernier terme reste ambigu par rapport à la systématique évolutionniste). Des frères et des sœurs sont les personnes qui se ressemblent le plus au monde en raison des caractères qu'ils ont hérités de leurs parents ; ensuite, ce sont les cousins en raison des caractères hérités des grands-parents..., etc. C'est pareil entre les espèces, et pas que de façon analogique. Ainsi, parmi les primates, le grand groupe des simiens ou anthropoïdes se caractérise par un caractère dérivé : le nez. Parmi les anthropoïdes actuels, la perte de la queue est un caractère dérivé qui distingue les hominoïdes..., etc. Tout cela est bien établi depuis plus d'un siècle, alors que c'est moins évident au sein des hominoïdes. En effet, l'anatomie, la locomotion comme l'écologie plaident pour une parenté plus étroite entre tous les grands singes avec l'homme dans une position plus éloignée, même si quelques détails anatomiques et la géographie incitent à placer l'homme plus près des grands singes africains — chimpanzés et gorilles — que des orangs-outangs asiatiques, comme le firent Huxley et Darwin.

Les méthodes de la systématique phylogénétique finissent par s'imposer au début des années 1980 et il en est de même pour la systématique moléculaire, cette dernière s'appuyant sur les méthodes de la systématique phylogénétique, mais en comparant les molécules, aujourd'hui l'ADN. Évidemment, tous les *a priori* sur l'homme, le singe et l'animal sont dénués de pertinence au niveau moléculaire. Il en ressort qu'une majorité d'études définissent une parenté plus étroite entre les chimpanzés et nous, les gorilles étant tout aussi éloignés des chimpanzés que de nous ; quant aux orangs-outangs, ils représentent une lignée asiatique encore plus distante de tous ses cousins africains.

Selon le type de systématique, on est amené à faire des hypothèses radicalement différentes sur nos origines et nos relations avec les espèces les plus proches de nous dans la nature actuelle. Pour la *systématique évolutionniste*, les pongidés réunissent tous les grands singes actuels alors que l'homme fait partie des hominidés. On parle de grade évolutif : le grade des pongidés donne une image ancestrale du grade qui précède celui plus évolué des hominidés. Un grade est, comme son nom l'indique, un niveau ou une gradation sur l'échelle des espèces. À cela s'associe le concept de chaînon manquant et le passage de la forêt à la savane avec l'acquisition de la bipédie, l'outil, les mâles vaillants qui protègent les frêles femelles, la copulation face à face, la chasse, le partage des nourritures, la vie sociale, la culture… (La vision la plus caricaturale de cette pseudo-hypothèque scientifique se retrouve dans le documentaire *L'Odyssée de l'espèce*, qui d'ailleurs n'évite aucun cliché sur les origines et l'évolution de la lignée humaine ; un chef-d'œuvre dans sa catégorie !) Bien entendu, tout cela est affirmé sans connaître les fossiles de transition — un chaînon manquant est fait pour manquer ! —, sans aucune connaissance de ce que sont les grands singes et avec cette perle antinomique de l'évolution : *pourquoi les singes n'ont pas évolué ?*

Les perspectives évolutionnistes sont tout autres avec la systématique phylogénétique ou cladistique.

D'abord, on classe sans aucune considération sur l'évolution. On définit des *clades* ou embranchements. Une fois les relations de parenté établies, on s'intéresse à l'évolution qui a donné cette structure de parenté ou classification. Deux lignées apparentées partagent un ancêtre commun exclusif, qu'on appelle le dernier ancêtre commun ou DAC. Contrairement à la systématique évolutionniste, on peut faire des hypothèses à la fois sur la date de séparation des lignées, sur la région et sur la reconstitution de ce DAC. Darwin, déjà, en 1871, fit l'hypothèse que nos origines devaient être africaines, mais sans pouvoir déterminer une date. Cette hypothèse doit être validée par les fossiles, ce que démontrent magnifiquement les fossiles d'*Orrorin*, de Toumaï (*Sahelanthropus*) et d'Ardi (*Ardipithecus*), tous africains et datés de 7 à 5 millions d'années. Quant à l'allure du DAC, Darwin ne pouvait pas trop s'avancer, les connaissances sur les chimpanzés étant limitées à cette époque. Pourtant, il cite des observations de Savage et Wyman, publiées en 1843 et 1844, qui relatent des chimpanzés d'Afrique de l'Ouest utilisant des outils de pierre pour briser des noix. Et pourtant, pendant un siècle, la préhistoire et toutes les autres sciences humaines s'accrochent à l'aphorisme : « l'homme, c'est l'outil ! », ce qui servira tout de même à un certain Boucher de Perthes qui bataille à la même époque sur les terrasses de la Somme pour démontrer l'existence d'hommes préhistoriques.

Pour reconstituer notre DAC avec les chimpanzés, c'est très simple puisqu'il suffit de recomposer le plus grand dénominateur commun de tous les caractères partagés avec les chimpanzés. Mais pour cela, il faut connaître les chimpanzés, et les études ne commencent vraiment que dans les années 1960.

Les publications permettant d'entreprendre ce travail de reconstitution deviennent accessibles dans les années 1980 et, un siècle après Darwin, le seul paléoanthropologue qui entreprend de reconstituer le DAC est et reste l'auteur de cette contribution. Le propos de cet article étant d'évoquer la question de l'homme et de l'animal, nous éviterons les questions d'anatomie osseuse ou dentaire pour nous intéresser à ce qu'on persiste à considérer comme propre à l'homme ; et donc absent chez l'animal, à commencer par les chimpanzés.

Un DAC plutôt humain

À cause du scalisme et de l'ignorance des mœurs des grands singes, le caractère mis en avant pour distinguer un fossile d'homininé (de la lignée humaine) d'un fossile de paniné (de la lignée des chimpanzés) est *la* bipédie. On notera au passage le singulier, alors qu'il conviendrait de parler *des* bipédies ou, plus précisément, des aptitudes aux bipédies. Or, tous les grands singes actuels qui se suspendent — même les gibbons — marchent debout dans diverses circonstances, le plus souvent sur de grosses branches, mais aussi à terre. L'aptitude à la bipédie fait partie du répertoire locomoteur des hominoïdes qui se suspendent depuis plus de 13 millions d'années et se retrouve dans plusieurs lignées, comme celle des hominoïdes européens, qui ne sont pas sur notre lignée et ont aujourd'hui disparu. Ce n'est donc pas une surprise si tous les fossiles se trouvant à proximité de notre DAC présentent tous des caractères associés à la bipédie. Ce n'est donc pas le bon critère ! En fait, comme cela a été lancé à propos de la publication du superbe squelette fossile d'*Ardipithecus* en 2009, c'est « le singe qui descend de l'homme ». Cette formulation est stupide, car elle reprend des catégories essentialistes et ontologiques qui n'ont aucun sens en paléoanthropologie. Ce qui est pourtant simple à comprendre, quand on connaît les fossiles et les mœurs locomotrices des hominoïdes actuels, devient pour le moins étrange quand on s'obstine à penser en termes de différences singulières entre le singe et l'homme. Il faut comprendre que les aptitudes aux bipédies existent depuis plus de 10 millions d'années chez les grands hominoïdes — mais pas tous comme les pongidés ; qu'elles étaient bien développées chez les hominidés africains comme l'attestent *Orrorin*, Toumaï et Ardi ; qu'elles ont régressé chez les gorilles, moins chez les chimpanzés, alors que les bonobos en font un usage plus courant ; qu'elles se sont modérément développées et diversifiées chez les australopithèques ; qu'elles sont devenues très perfectionnées dans le genre *Homo*, mais seulement depuis 2 millions d'années. C'est tout de même assez simple à comprendre, mais à condition de se débarrasser de ces concepts éculés d'animal, de singe et d'homme, et de se référer à un cadre phylogénétique précis avec des anthropoïdes, des hominoïdes, des hominidés, des homininés…, etc.

Avec les fossiles, on peut étudier les caractères anatomiques et les fonctions associées comme les bipédies, les régimes alimentaires et certains aspects de la vie sociale. Cela devient plus délicat pour d'autres critères considérés jusque-là comme propres à l'homme et, par extension, à la lignée humaine. La systématique phylogénétique s'appuie sur le principe de parcimonie et implique que ce qui est observé chez deux espèces sœurs — en l'occurrence les chimpanzés et les hommes dans la nature actuelle — provient de leur DAC ; au moins poten-

tiellement. C'est là que toutes les frontières archaï-
ques entre l'homme et l'animal ou l'homme et le
singe volent en éclats.

Les chimpanzés vivent dans des sociétés multife-
melles/multimâles, ces derniers étant apparentés
alors que les femelles migrent à l'adolescence pour
se reproduire dans un autre groupe. Il n'y a pas
plus d'inceste chez les chimpanzés que chez les
autres espèces ; la différence étant que chez eux
comme chez nous, ce sont les femelles qui s'en vont
— femelles exogames et mâles patrilocaux —, alors
que chez les autres espèces, c'est l'inverse — mâles
exogames et femelles matrilocales. Les chimpanzés
sont omnivores, se révèlent de redoutables prédateurs
et partagent certaines nourritures, dont la viande. Ils
utilisent et fabriquent des dizaines d'outils, innovent,
maintiennent des traditions et inventent des cultures, que ce soit pour les saluts, la communication,
l'épouillage comme les choix et les préférences alimentaires. Si les mâles se montrent plus doués
pour la chasse, les femelles le sont beaucoup plus
pour les outils et les techniques ; cependant, seules
des femelles ont été vues préparer de petites sagaies
et embrocher des galagos endormis — de petits primates nocturnes — et les manger. Les chimpanzés
manifestent des préférences pour certains partenaires sexuels, copulent face à face et n'hésitent pas
à mener des négociations sexe contre nourriture.
Leur vie sociale est intense, très complexe et agitée
par des enjeux politiques qui mobilisent les mâles,
les femelles et leurs réseaux. Doués d'empathie et
de sympathie, et selon les circonstances, ils rient,
pleurent, se mettent en colère, s'agressent, se récon-
cilient et se réconfortent, ce qui s'accompagne de
notions de bien et de mal. La diversité comme la
complexité de leurs interactions sociales ne peut

s'expliquer que par des capacités cognitives et des représentations mentales très élaborées. Ils conçoivent des stratégies réfléchies et déterminées, jouant d'alliances et de petites et de grandes trahisons, ce qui peut aller jusqu'au meurtre politique. Les chimpanzés sont les seuls connus pour se faire la guerre entre communautés ; même les « gentils bonobos » apparaissent tout aussi « humains » à cet égard. Enfin, les nombreuses études en psychologie comparée mettent en évidence des aptitudes à la communication symbolique puisqu'ils apprennent notre langage plus vite que nos enfants avant l'âge de deux ans ; avant de stagner à cet âge alors qu'il « explose » chez les petits humains. Pour ce faire, ils possèdent une aire cérébrale de l'hémisphère gauche homologue de notre aire de Broca. Les chimpanzés n'ont rien de machines cartésiennes ou béhavioristes, et si ce sont des animaux, ils ne correspondent en rien à l'animal des philosophes et des théologiens.

Alors que reste-t-il à l'homme ? Tout ! Ces ressemblances dues à une ascendance commune ne rabaissent pas l'homme au niveau des chimpanzés, ce sont eux qui entrent dans la sphère de l'humain, plus précisément du pré-humain. Comme l'observait John Romanes, qui rencontra Charles Darwin en 1874 et qui se lança sur les origines de nos capacités mentales : « On comprend comment, parti de si haut, la psychologie du singe peut engendrer celle de l'homme. » Alors pour mieux comprendre comment nous sommes devenus des humains, ne serait-il pas grand temps de renoncer à ce concept d'animal qui ne correspond en rien à ce que sont les animaux les plus proches de nous, les singes, les grands singes et tout particulièrement nos frères d'évolution, les chimpanzés ?

L'ANIMAL,
LE PHILOSOPHE ET L'ÉVOLUTION

Alors qu'est devenu l'animal face à ce que sont les animaux[3] ? Pour les biologistes, l'animal est un être organisé pluricellulaire qui naît et qui meurt, capable aussi de se transformer, doué de volition et mobile, sensible, qui se nourrit d'autres organismes vivants, élimine ses déchets et se reproduit. Cette définition n'inclut pas tous les animaux puisque les amibes unicellulaires prétendent appartenir à ce club très ouvert tandis que les coraux s'avèrent très statiques. Selon cette définition, l'homme est un animal parmi des millions d'animaux et donc la question homme/animal n'est d'aucune pertinence. Par contre, cette question devient très sensible pour les philosophes et les théologiens, mais avec une totale absence de définition objective de l'animal. Il n'y a aucun critère puisqu'il y a « l'homme qui est » et « l'animal qui n'est pas » par rapport à ce qu'est l'homme. L'un est tout, l'autre rien ; l'être et le néant. L'animal est défini par défaut, de façon privative, apophatique et n'est que le négatif de l'homme.

Est-ce que comparer l'homme aux espèces les plus proches s'identifie à une entreprise « sociobiologique » de négation de l'homme ; de naturalisation de l'homme ; de « biologisation » de l'homme ; de déstructuration de l'homme ? Actuellement, une certaine partie de la philosophie venant de la métaphysique et une autre inspirée du marxisme se lancent dans une réaction inquisitoriale, et malheur au brave philosophe — comme Jean-Marie Schaeffer, *La Fin de l'exception humaine* (Gallimard, 2007) —

qui s'égare en prenant en considération les faits scientifiques cités dans la partie précédente. Récemment, un philosophe de classe préparatoire a écrit cette sentence définitive : « Ce n'est pas parce qu'un paléoanthropologue du Collège de France aura étudié les singes pendant vingt ans qu'il est habilité à parler de l'homme » ; je suis évidemment la vilaine bête visée. Ô la belle inquisition qui, en d'autres temps, condamnait un Bruno, un Vanini ou un Galilée, menée aujourd'hui par nos « humanités » contre les éthologues et les anthropologues évolutionnistes. On somme les éthologues et les paléoanthropologues de s'occuper de leurs bêtes et de leurs bouts d'os ; car la question de l'homme n'est pas de leur compétence. Même réaction dans un débat, exprimée de manière plus courtoise, qui me confrontait avec des théologiens. Je veux bien concéder que l'Animal avec un grand A et l'Homme avec un grand H ne sont guère de ma compétence ; mais il y a eu évolution, nous sommes devenus humains, et ce qui fait notre humanité se tisse d'une continuité multiforme avec les espèces les plus proches de nous. Il n'y a ni rupture biologique, ni rupture comportementale, ni rupture cognitive fondamentale ; même si, d'un côté, il y a de merveilleux chimpanzés, plus humains qu'on imaginait, vivant entourés d'arbres en Afrique tandis que, d'un autre côté, les hommes vivent dans des mondes symboliques et dans tous les milieux de la Terre.

Nous voici donc avec trois questions : *Est-ce que comparer l'homme aux autres espèces, c'est nier l'homme et risquer l'éveil de la barbarie ? Est-ce que les paléoanthropologues sont habilités à parler de l'homme par-delà ses gènes et ses os ? Est-ce que l'homme s'est mis dans une bulle ontologique qui le fait sortir de l'animalité, et comment ?*

L'animal et la barbarie

Le premier « procès du singe » eut lieu à Dayton, dans le Tennessee, en 1925. Les conservateurs américains sont effrayés par un XXe siècle qui commence en Europe par les lois sur la laïcité, les horreurs de la Première Guerre mondiale et la révolution bolchevique. William Bryan, le leader de ce mouvement, est un humaniste très croyant qui n'a rien d'un créationniste obtus. Cependant, il fait voter des lois pour interdire que l'on enseigne que l'homme descend d'un animal inférieur, de crainte de justifier toutes les horreurs. Darwin et sa théorie sont directement mis en cause. Il est vrai que l'eugénisme, inventé par le cousin de Charles Darwin, Francis Galton, et le darwinisme social poussé par Herbert Spencer portent à confusion. D'ailleurs, Bryan se décida à mener cette campagne parce qu'il avait lu un livre d'un Américain, témoin du front de guerre 14-18, qui avait entendu les officiers prussiens déclarer que la domination par la force et les armes était légitime puisque doit primer la loi du plus fort, *dixit* Darwin. Darwin est mort en 1882 et on cherchera en vain dans ses écrits une telle maxime. Sa théorie fut mal comprise et détournée à la fois en biologie et hors des sciences. Un des acteurs les plus influents de cette double dérive est Ernst Haeckel, traducteur des livres de Darwin en allemand, qui offre une pseudo-légitimité scientifique à l'idéologie nazie. Ce qui reste difficile à accepter hier comme aujourd'hui, c'est d'accuser la théorie darwinienne de la continuité évolutive comme entreprise de négation du statut ontologique de l'homme, alors qu'un Martin Heidegger, pape de l'ontologie, est rarement critiqué pour sa complaisance envers le nazisme. L'ontologie est fondamentalement incompatible avec la raison et l'objectivité, jusqu'à troubler une belle intelligence comme celle d'Hannah Arendt.

Hannah Arendt a bien démontré comment ce concept d'animal a trouvé sa plus abjecte application dans les camps nazis. Il ne s'agit pas des animaux, mais bien de cette horrible catégorie inventée par l'intelligence humaine dans laquelle on rejette les autres, d'abord pour les nier, avant de les éliminer comme des bêtes nuisibles. Des faits, encore des faits ; une certaine philosophie n'a que faire des conséquences de ses concepts, niant les observations des scientifiques et des éthologues comme ils ignorent les faits de l'histoire. Les biologistes et les anthropologues darwiniens ont combattu et combattent les dérives idéologiques qui prétendent s'inspirer des concepts de la théorie de l'évolution, car trop d'évolutionnistes d'hier et d'aujourd'hui, et pas des moindres, s'égarent. Alors, avant de lancer anathèmes et inquisitions, une certaine philosophie ferait bien de sortir de sa clairière pour mesurer les conséquences de ses concepts ; la raison pure reste éminemment critiquable. Mais qui entend ces critiques, comme celle de Claude Lévi-Strauss : « Jamais qu'au terme des quatre derniers siècles de son histoire, l'homme occidental ne put-il comprendre qu'en s'arrogeant le droit de séparer radicalement l'humanité de l'animalité, en accordant à l'une ce qu'il retirait à l'autre, il ouvrait un cycle maudit, et que la même frontière constamment reculée servirait à écarter des hommes d'autres hommes, et à revendiquer, au profit de minorités toujours plus restreintes, le privilège d'un humanisme, corrompu aussitôt né pour avoir emprunté à l'amour-propre son principe et sa notion » (*Anthropologie structurale II*, Plon, 1973).

Cette histoire de la violence animale ou originelle obsède la philosophie et la théologie. Il est indéniable qu'il existe de la violence dans la nature, mais elle est mal comprise. Les relations de dominance, la protection d'un territoire ou des petits, la prédation, le parasitisme, l'infanticide chez les espèces polyandres (un mâle avec un harem de plusieurs femelles tue les petits non sevrés lorsqu'il s'installe)... sont autant d'agressions. Mais la violence n'est pas omniprésente. La nature n'est pas régie par une sélection naturelle telle une « sorcière aux ongles et aux dents rouges de sang ». On se retrouve devant deux positions radicalement opposées entre les philosophes d'un côté et les scientifiques de l'autre.

Pour nombre de philosophes et de théologiens, l'homme n'est pas un animal, mais c'est la bête en nous qui est responsable de tous nos errements, bien que nous soyons nés dégagés de tout déterminisme ancestral ou génétique. Pas facile à comprendre ! On retrouve le dualisme nature/culture qui prétend que tout ce qui va de travers chez l'homme est dû à sa nature, bien qu'il ne saurait y avoir de nature humaine. Pas facile à comprendre ! Il y a indéniablement une part d'irresponsabilité à postuler que ce qui ne va pas chez l'homme est un fait de nature ou dicté par les gènes ou son animalité. Agacé par ces apories, un groupe d'anthropologues et de scientifiques a signé la « Déclaration de Séville sur la violence » votée en 1986, « année en faveur de la paix » pour l'UNESCO, pour stigmatiser le fait que les horreurs commises par les hommes au cours de l'histoire — et cela continue — ne sont pas des faits de nature, ni dictés par des gènes !

Les éthologues ne nient pas les violences intraspécifiques chez les espèces animales, mais celles-ci

prennent rarement les formes connues chez l'homme.
(Il y a aussi les violences interspécifiques, où
l'homme est le champion toutes catégories par ses
mœurs alimentaires, les moyens d'élevage et d'abattage, la chasse et la pêche à outrance, et en étant la
seule espèce depuis 4 milliards d'années responsable d'une grande extinction en cours.) Cependant, il
existe des comportements de retrait et de soumis-
sion qui régulent ces violences ; pas toujours, évidemment. Des éthologues célèbres, comme Konrad
Lorenz et Robert Ardrey, expliquèrent la violence
humaine par le fait que nos lointains ancêtres se
seraient retrouvés dans les savanes et harcelés par
les prédateurs. Alors ils auraient inventé des armes
pour se défendre et seraient devenus plus agressifs
— question de survie. Mais ces comportements
seraient aussi intervenus au sein de ces groupes de
pré-humains, mais sans que des comportements de
régulation aient eu le temps d'apparaître, comme
chez les prédateurs. (En disant que, dans la nature,
l'homme est un loup pour l'homme, Hobbes ignorait la complexité des comportements qui évitent
que les loups ne se mangent entre eux.) On remarque au passage que tout cela est arrivé à cause
d'une nature agressive et que la nature n'a pas eu le
temps de faire son travail ! (Pour une vision fulgu-
rante et géniale de cette thèse, il faut revoir les premières scènes de *2001, l'Odyssée de l'espace* de
Stanley Kubrick, de 1968.) Une fois de plus, les
chimpanzés forestiers viennent troubler ces spécu-
lations savantes puisque les fondements des violences intraspécifiques connues chez l'homme se
retrouvent aussi chez eux.

Quand Frans de Waal a publié *De la réconciliation chez les primates* (Flammarion, 1992) et *Le Bon
Singe* (Bayard, 1997), tous les penseurs qui voyaient

dans les animaux des êtres de violence sont devenus très agressifs. Il s'en est ensuivi des controverses dignes de Rousseau contre Hobbes. Les rousseauistes naïfs se sont entichés des gentils bonobos ou chimpanzés graciles, qui venaient remplacer les bons sauvages, tandis que les chimpanzés robustes, connus pour leurs actes de violence, représentaient notre nature agressive ; les premiers sont les « singes de Vénus » ; les seconds les « singes de Mars ». Alors est-ce que l'homme est né sous le signe de l'une ou l'autre planète ? Nous voici en présence d'un bel exemple de l'« erreur du naturaliste », puisque les chimpanzés robustes se montrent très doués pour les réconciliations et les réconforts, alors que les bonobos peuvent se révéler peu amènes.

Dans l'état actuel de nos connaissances, les deux chimpanzés sont plus proches l'un de l'autre qu'ils ne sont proches de l'homme, le premier appartenant au genre *Pan* et l'autre au genre *Homo*. Cela signifie aussi une chose toute simple : notre DAC nous a légué la propension à faire la paix comme à faire la guerre. Nous sommes donc libres et responsables de nos actes, qui sont à impartir moins à notre nature qu'à notre histoire et nos cultures.

C'est là que le concept d'animal, qui commence forcément avec les chimpanzés — à moins d'en faire des hommes —, renvoie à des conclusions complètement erronées. Si les chimpanzés sont des animaux dont les comportements sont dictés par des gènes, il y a donc forcément des gènes de la violence et des gènes de la paix. Seulement, dans l'état actuel de nos connaissances en génétique comparée, les chimpanzés et les hommes possèdent un génome composé de peu de gènes — 25 000 — et quasi identiques. Le fait que les chimpanzés robustes sont presque aussi agressifs que les hommes, alors qu'ils sont plus proches génétiquement des bonobos plus pacifiques, oblige à invoquer d'autres explications d'ordre culturel.

À propos de liberté, j'aime citer cet exemple concernant la communauté des chimpanzés de Gombe, en Tanzanie. On l'a vu, chez les chimpanzés, les femelles migrent à l'adolescence pour se reproduire alors que les mâles restent dans leur communauté de naissance. Seulement, à Gombe, les femelles du clan F ne s'en vont pas. Pour quelle raison ? Parce qu'elles appartiennent à un clan dominant et qu'elles perdraient leur pouvoir en se divisant et en partant. Cela pose un problème : éviter l'inceste ; ce que le clan gère très efficacement. C'est un très bel exemple d'une éthologie qui s'intéresse aux individus et à leurs intérêts — merci à la sociobiologie qui a permis d'établir les problématiques nécessaires — et non pas à des animaux indistincts et prisonniers de leurs instincts.

Les notions d'instincts et d'acquis ne sont plus d'aucune pertinence en sciences de l'évolution qu'il s'agisse de l'animal enfermé dans ses instincts ou de l'homme pétri de ses seuls acquis. Même les sociétés d'insectes chères aux sociobiologistes — comme les fourmis — révèlent des individus plus adaptables qu'on ne l'imaginait. (Darwin évoque le cas d'une araignée tisserande qui, ayant perdu une patte, ne peut plus faire sa toile ; alors elle change de comportement en devenant une araignée chasseuse, et sur sept pattes ; cf. Charles Darwin, *L'Instinct*, L'Esprit du Temps, 2009, préface de Pascal Picq.) Il faut substituer les notions de *contraintes phylogénétiques* — ce que notre dernier ancêtre commun aux chimpanzés et aux hommes nous a légué — et celle d'*évolution* propre à chaque lignée depuis ce DAC. La plus ou moins grande agressivité des chimpanzés, des bonobos et des hommes découle de leurs évolutions sociales respectives, avec de grandes différences entre les communautés de chimpanzés et les sociétés humaines.

Est-ce que les paléoanthropologues peuvent parler de l'homme ?

Heidegger avait compris toute la fragilité d'un système philosophique qui prétend sortir l'homme de l'animalité en lui attribuant une propriété en plus, ce qu'il raille en l'appelant animal-plus ! Il suffit de donner un critère pour qu'on se risque à vérifier s'il tient. Comme on l'a vu, tout ce qui a été affirmé quant au propre de l'homme est tombé pièce à pièce. Cependant, ceci appelle deux commentaires. En premier lieu, les scientifiques et les éthologues n'ont jamais engagé leurs recherches pour ennuyer les philosophes, même si leurs découvertes et leurs observations interfèrent avec des questions de philosophie. Les scientifiques — tout au moins dans l'exercice de leur démarche objectiviste et quand ils ne jouent pas aux philosophes ou s'engagent dans une quête de sens, faisant de la très mauvaise philosophie ou de la piètre théologie à l'instar des philosophes qui font de la triste éthologie — ne prétendent pas faire de la philosophie, si ce n'est une non-philosophie. Si les chimpanzés utilisent et fabriquent des outils et développent des cultures, ce n'est pas pour contrarier René Descartes. On peut discuter des définitions et des critères à propos de l'outil et de la culture, mais c'est ainsi. En second lieu, est-ce que dire que l'homme est un animal politique, comme le dit Aristote, signifie pour autant que l'animal ou tous les animaux sont dénués de ce comportement ? Nous l'avons vu, si la quasi-totalité des animaux ne possèdent pas les caractères attribués exclusivement l'homme, certains, comme les chimpanzés, et d'autres non évoqués, répondent à ces critères.

À propos des critères censés distinguer l'homme, il faut dénoncer cette incroyable contradiction chez les philosophes spiritualistes et les scientifiques influencés par les sirènes spiritualistes. D'un côté, l'animal-machine et, de l'autre, la quête d'un caractère anatomique qui expliquerait la distinction spirituelle de l'homme : la glande pinéale de Descartes ; le module cérébral d'Owen ; le module de la grammaire universelle de Noam Chomsky ou le gène foxp2 pour le langage ; aujourd'hui le module cognitif siège de la croyance en Dieu ou la flexion de l'os sphénoïde, sans oublier la *néoténie*, cette modification miraculeuse de notre ontogenèse conçue comme un baptême sur les fonts baptismaux de l'*hominisation*. Le concept d'animal est sans aucun doute responsable d'une schizophrénie de la raison.

La paléoanthropologie a eu beaucoup de difficultés pour se dégager des représentations de l'homme venues de la philosophie. En simplifiant quelque peu, il existe deux grandes traditions philosophiques, l'une qui pense l'homme comme un animal terrestre en relation avec la nature et qui admet la comparaison comme chez quelques présocratiques et Aristote ; l'autre qui place l'homme au centre du cosmos et qui perçoit le monde au travers de l'homme comme chez Socrate et Platon. Pour la première école, l'homme dépasse ou transcende l'état de nature et est un animal-plus ; pour la seconde école, l'homme est un être de vérité qui doit se connaître soi-même avec le refus revendiqué de le situer par rapport au monde ou à la *physis* des Grecs. Toujours en simpli-

fiant, la première approche admet un être en continuité avec la nature au sens de la *physis* et donc des
sciences (Aristote et l'homme-animal-plus ; scalisme) ;
l'autre s'enferme dans sa caverne ontologique et la
métaphysique (Platon et l'animal-non-homme). D'un
point de vue épistémologique, cela donne deux
démarches radicalement opposées, l'une objectiviste
et qui peut admettre la réfutation basée sur l'observation et l'expérimentation ; l'autre introspective
qui soumet le monde à ses représentations.

La paléoanthropologie s'inscrit évidemment dans
la tradition continuiste que l'on fait remonter à
Aristote. De tout ce qu'on a dit de l'animal-plus, peu
de critères s'avèrent testables sur les fossiles (paléoanthropologie) et ce qui les entoure (archéologie
préhistorique). Pour l'anatomie, les grands caractères sont *la* bipédie, *le* cerveau et *la* main, le tout
gentiment aligné sur l'échelle des espèces. Or, il
devient évident que *les* aptitudes aux bipédies pré-
cèdent notre DAC. Quant au gros cerveau, il a servi
à faire des *Homo habilis* datés de plus de 2 millions
d'années des hommes, ce que semblait confirmer
l'anatomie de leur main et la présence des plus
anciens outils de pierre taillée. Hier comme
aujourd'hui, leur statut d'*Homo* reste très contesté
puisque des espèces contemporaines, comme les
paranthropes descendants de Lucy, partagent ces
caractéristiques. En fait, il faut attendre les années
1990 pour que les paléoanthropologues adoptent
une définition biologique de l'homme dégagée du
long héritage venu de la philosophie. Une fois de
plus, il ne s'agit pas de contrer la philosophie — ce
qui serait un programme scientifique misérable —
mais de permettre une démarche objectiviste. Dire
que « l'homme, c'est l'outil » a permis à Boucher de
Perthes de fonder la préhistoire en démontrant la

présence d'outils de pierre taillée à côté de mammouths fossiles dans les terrasses de la Somme ; de même que cela permit de lancer la grande aventure de la paléoanthropologie africaine avec la découverte par le couple Leakey d'outils de pierre taillée à proximité d'un paranthrope à Olduvaï, en Tanzanie, en 1959. Puis les Leakey incitèrent trois jeunes femmes à aller observer les grands singes dans la nature, les « trois anges de Leakey », avec les résultats évoqués dans la partie précédente. Ainsi vont les sciences.

Face aux avancées des connaissances en paléoanthropologie et en éthologie, le propre de l'homme défini avec de grands critères discrets se réduit comme peau de chagrin, alors qu'il n'en est rien si on s'intéresse à des critères plus fins. Les paléoanthropologues et les éthologues ne risquent pas de confondre un chimpanzé, un australopithèque et un homme. Alors pour sauver la face de l'homme, de nombreux évolutionnistes s'emploient à avancer des critères venant de la philosophie et non testables par la démarche objectiviste. C'est le cas de Russel Wallace, le co-inventeur de la sélection naturelle, et de Thomas Huxley, le farouche ami et défenseur de Darwin.

Wallace invente le « darwinisme », considérant que la seule sélection naturelle rend compte de toute l'évolution du vivant. Cependant, il se heurte au cas de l'homme dont les hautes capacités mentales semblent difficilement explicables. Son matérialisme extrême l'amène à rechercher une solution spiritualiste, au grand désarroi de Darwin. (L'Église catholique adopte une position similaire, acceptant l'évolution du corps et des comportements, mais insistant qu'au cours de l'hominisation, l'homme rencontre la révélation ; proposition non testable scientifiquement et qui ne dérange pas les scientifiques tant que cette croyance ne prétend pas s'imposer dans le champ des sciences.) L'attitude d'Huxley — l'inventeur du terme agnostique — est tout autre. Dans la deuxième « Romanes lecture » intitulée *Evolution and Ethics* de 1893, lui qui a tant fait pour démontrer la continuité évolutive entre les grands singes et l'homme défend la thèse que seul l'homme est un animal doué de morale. Cette même thèse est reprise exactement cinquante ans plus tard dans une autre « Romanes lecture », *Evolutionary Ethics*, par son petit-fils Julian Huxley — premier secrétaire général de l'UNESCO et ami de Teilhard de Chardin. Celui qui participe à la « grande synthèse », qui renouvelle la théorie darwinienne dans les années 1940, va jusqu'à forger la classe des « psychozoa » pour l'homme, signifiant en cela que l'homme est dans une sphère psychologique particulière — on pense à la noosphère de Teilhard. On retrouve ce genre d'interprétation avec l'éthologue Von Uexküll qui affirmait que « l'animal est au monde » alors que « l'homme est un constructeur de monde » ; ce qu'on retrouve avec le retour de la phénoménologie chez la philosophe Joëlle Proust qui pense que les animaux ont une *conscience d'accès* et l'homme une *conscience phénoménale*. Le dualisme est une duplicité phénoménale de la raison.

La morale de cette histoire est que les plus darwinistes ou néodarwinistes n'étaient pas darwiniens. Car Charles Darwin dans ses livres de 1871 et 1872 avait ouvert un programme de recherche sur les origines de nos capacités mentales dites supérieures, lançant le jeune Romanes sur cette voie. Il pensait que les origines de ces capacités étaient à rechercher dans nos instincts sociaux partagés avec les grands singes et les singes. Ce programme de recherche sera repris un siècle plus tard par quelques éthologues, comme Frans de Waal, et appréhendé pour reconstituer le DAC comme la paléobiologie de nos ancêtres par moi-même.

La question de l'homme est bien trop sérieuse pour n'être laissée qu'aux philosophes et aux théologiens, surtout l'homme dans sa diversité culturelle. Les paléoanthropologues, au lieu d'exclure dans l'animalité tout ce qui ne répond pas à une vérité sur l'homme — les animaux, mais aussi les femmes et les primitifs, voir la controverse entre Claude Lévi-Strauss et Jean-Paul Sartre —, se contentent de rechercher en quoi l'homme ressemble aux espèces les plus proches pour mieux dégager l'évolution d'une lignée humaine qui, au passage, a donné plusieurs d'espèces d'hommes, dont certaines étaient contemporaines. Mais le concept d'animal s'immisce dans les affaires humaines puisque de nos jours des paléoanthropologues persistent à faire des autres espèces du genre *Homo*, comme les hommes de Neandertal, des hommes moins évolués. Alors que des éthologues et des paléoanthropologues — pas tous — montrent combien nos origines sont humaines, le concept d'animal étend sa vocation d'ostracisme à la fois dans la synchronie et la diachronie. Plusieurs auteurs évoquent un concept d'*humanisation* pour se substituer à celui d'*hominisation* ; je crains que le chemin soit encore long pour arriver à *Homo sapiens*.

Est-ce que l'homme est sorti de l'animalité ?

Alors, où se trouve la césure entre l'homme et ceux qu'il faut bien appeler les animaux, à défaut d'un terme plus approprié ? Est-ce que Lucy et les australopithèques étaient des animaux ? On se heurte ici a une aporie entre, d'un côté, les termes utilisés par les philosophes et les théologiens et, d'un autre, ceux employés par les anthropologues évolutionnistes. Pour les premiers, il s'agit de partir de l'homme et d'exclure tout le reste du vivant-animé dans une catégorie indéfinie et ontologiquement distincte. Pour les autres, les animaux se reconnaissent par des structures et des fonctions, définissant le règne *Animalia*, et sans aucune pertinence quand on s'intéresse aux relations entre les espèces, en l'occurrence entre les chimpanzés et les hommes. Le dualisme fondamental de la pensée occidentale se trouve face à des contradictions conséquentes de deux approches épistémologiquement opposées, que ce soit en philosophie et en science.

Dans son essai *Par-delà nature et culture* (Gallimard, 2005), Philippe Descola propose de classer les cosmologies des peuples actuels en quatre catégories ontologiques : le dualisme et son opposé l'animisme ; l'analogisme et son opposé le monisme. Le dualisme ou « naturalisme » occidental n'est pas l'ontologie dominante, bien que sa philosophie, portée par l'expansion des grands monothéismes, ait connu une grande diffusion, sans effacer les autres ontologies, même au sein du monde occidental. Le dualisme et l'animisme dissocient le corps et l'âme. En simplifiant, le dualisme occidental admet que notre corps, notre matérialité, soit de nature, mais postule que notre esprit, notre raison ou toute autre expression de nos capacités mentales sont d'une autre origine, rarement spécifiée, mis à part le Créateur. Le dualisme ontologique homme/animal s'inscrit dans cette tradition, qui s'est radicalisée jusqu'à la caricature avec l'animal-machine de Descartes. Une conception aussi radicale ne se retrouve pas chez tous les philosophes, ni tous les théologiens, sans oublier des pensées qui évoquent l'animisme et l'analogisme. Un des plus beaux exemples d'analogisme se rencontre avec l'échelle naturelle des espèces héritée d'Aristote qui, au Moyen Âge, reprend l'idée de l'homme microcosme qui résume le macrocosme, reprise par Leibniz avant de retrouver dans l'aphorisme de Ernst Haeckel « l'ontogenèse — de l'homme — récapitule la phylogenèse ». Le dualisme teinté d'analogisme a le mérite d'éviter de se poser la question des origines de nos capacités mentales supérieures puisqu'elles semblent s'inscrire « naturellement » dans un naturalisme panthéiste rarement explicité, mais qui renvoie à l'idée de dessein, reprenant les schèmes de la pensée déiste, de la théologie naturelle et dans son avatar actuel du *dessein intelligent.* Que ce soit dans le dualisme radical ou dans l'analogisme, les origines de nos capacités mentales supérieures se situent en dehors de toute considération matérialiste, ce qui de fait exclut toute approche scientifique de cette question.

Le dualisme cartésien, en séparant l'âme du corps, a permis les avancées de l'anatomie, de la médecine et de la physiologie, mais avec son cortège de souffrances autour de la douleur, de la vivisection et, aujourd'hui, les conditions de l'expérimentation animale, sans oublier les animaux d'élevage et leur fin de vie. L'anatomie comparée — de Linné à aujourd'hui — nourrit une analyse structurale qui établit les relations de parenté entre les espèces. (Notons au passage que la controverse Cuvier/Geoffroy Saint-Hilaire devant l'Académie des Sciences de Paris en 1830, comme la « guerre du gorille » entre Huxley et Owen vingt ans plus tard, en Angleterre, nous rappellent que traduire ces relations de ressemblance en un discours transformiste n'avait rien d'évident. Cuvier comme Owen apportent des contributions conceptuelles fondamentales pour l'édification de la systématique moderne tout en étant paléontologues et antiévolutionnistes !)

L'anatomie comparée et la paléontologie édifient la structure de l'évolution en proposant des classifications et des arbres phylogénétiques. À partir du moment où on accepte l'idée d'évolution, se pose inévitablement la question des processus d'apparition de nos capacités mentales supérieures.

Seuls Darwin, puis Romanes s'engagent dans cette recherche parfaitement logique d'un point de vue scientifique. En disant cela, ces scientifiques — comme ceux d'aujourd'hui inscrits dans cette attitude — ne prétendent pas défendre tel ou tel système de pensée venant de la philosophie ou de la théologie. C'est simplement une question de méthode scientifique, qui consiste à se poser la question, d'en dégager des hypothèses et d'en vérifier la pertinence. Il n'y a aucun *a priori* et encore moins une tentative de déstructurer ou de nier l'homme. Les scientifiques — en l'occurrence les éthologues — n'attribuent aucune valeur éthique ou ontologique à leurs observations ; celles-ci sont neutres car ni morales, ni immorales, si ce n'est amorales. Ce qui ne veut pas dire, évidemment, que ces observations n'interviennent pas dans des discours sur les valeurs. Autrement dit, les éthologues et les paléoanthropologues ne prétendent pas dire l'éthique à partir de leurs observations — ce que Humes appelle l'« erreur du naturaliste ». Néanmoins, leurs observations peuvent questionner l'éthique, mais on n'est plus en science. Inversement, il est inacceptable qu'au nom d'une certaine idée de l'homme, de l'animal, de l'éthique ou de l'ontologie, on conteste des observations de nature universelle, car scientifiques et mises en évidence par des femmes et des hommes de différentes cultures, éducations et confessions participant aux avancées des connaissances. Ces tristes penseurs héritiers de toutes les inquisitions n'ont d'autre alternative que la condamnation, l'anathème ou les résolutions tout en étant obligés de considérer par le mépris les scientifiques et les autres modes de penser le monde ; on voit bien à quoi sert leur concept d'animal, de barbare, de primitif ou autres. Alors je leur pose la question : *peut-on fonder une éthique humaniste sur un principe d'exclusion et d'ignorance ?*

L'homme au sommet de l'évolution ?

Il n'y a pas de sommet de l'évolution, mais des temps de l'évolution[4]. La vie a évolué pendant des milliards d'années avant que des hommes ne marchent sur la Terre ; elle continuera d'évoluer pendant des milliards d'années après que les hommes auront disparu, peut-être après avoir évolué vers d'autres espèces — incertitudes du posthumain — et avant que le Soleil explose et détruise la Terre — certitude stellaire. Aujourd'hui, il ne reste qu'une seule espèce d'hommes mais partout sur la Terre, ce qu'aucune autre espèce n'a jamais pu réaliser. Alors sommes-nous les derniers survivants ou les vainqueurs ? De telles questions sortent du domaine des sciences et interpellent la philosophie et la théologie.

Teilhard de Chardin proposa le concept d'hominisation, vite détourné dans une acception téléologique et finaliste. Selon cette interprétation, quelle est notre responsabilité et notre liberté si nous sommes le fruit d'un processus cosmique ou autre ?

L'hominisation signifie qu'une espèce prend conscience de sa place dans l'histoire de la vie et qu'elle devient responsable du devenir de la biosphère. Cela oblige à un autre regard sur notre évolution et sur les autres espèces issues de cette même évolution. L'œuvre de Teilhard est sujette à bien des critiques d'un point de vue à la fois scientifique, philosophique et théologique. Cependant, elle peut nous aider à sortir de notre caverne anthropocentrique, et je renvoie au très beau texte du philosophe Clément Rosset sur Teilhard qui fait suite à sa *Lettre sur les chimpanzés* (Gallimard, 1964). Être au sommet de l'évolution n'est pas un fait de nature, mais une exigence éthique. Mais en piétinant de notre arrogance les animaux, en les abaissant, cela n'a rien d'une ascension ontologique. Nous serions comme ces coraux condamnés à se maintenir près de la surface, sans jamais émerger, à force de nous reposer sur ceux que nous enfonçons. En posant la question : « Qui sont les animaux ? », nous sommes amenés à nous débarrasser du concept d'animal pour comprendre qui nous sommes et être dignes de donner un sens humain à l'évolution.

PASCAL PICQ

CHAPITRE II

Des animaux-machines
aux machines animales

Que l'animal soit une machine, un assemblage de pièces matérielles, incapable de souffrir, est une idée aujourd'hui assez décriée : on l'associe à Malebranche rouant de coups une chienne gravide et affirmant qu'il n'y avait pas à s'inquiéter de ses cris, qui n'étaient qu'un effet mécanique, non l'expression d'une souffrance. Mais cela montre à quoi sert la thèse de l'animal-machine : elle met les animaux à distance des hommes qui peuvent les utiliser comme ils veulent. Faire de l'animal une machine, c'est s'autoriser à s'en rendre « comme maître et possesseur », à l'instar de l'ensemble de la nature, comme le déclarait Descartes. Les éthiques animales, qui voient dans l'animal un être souffrant, non une machine, et lui accordent une considération morale, semblent être venues à bout de cette conception, peut-être dépassée.

Mais le mécanique, auquel nous avions ainsi renvoyé l'animal, ne fait-il pas retour, en menaçant de nous envahir ? Les récits de science-fiction abondent en robots qui traitent d'égal à égal avec les humains, en ordinateurs non seulement intelligents, mais sentimentaux. Il ne s'agit pas uniquement de science-fiction : des robots, comme les Tamagotchi, ont été réellement conçus comme des créatures artificielles prêtes à prendre la place des animaux de compagnie[1]. Le mathématicien Alan Turing, en inventant un test permettant de déterminer si une machine est intelligente, en a fait une question philosophique régulièrement débattue[2]. L'animal-machine, inversé en machine animale, revient ainsi nous hanter, comme un horizon éventuel. Que la machine soit l'avenir de l'homme n'est pas toujours considéré comme une perspective néfaste. Pour la philosophe, historienne des sciences et féministe Donna Haraway, le cyborg est le champion de l'être asexué du futur, il est notre avenir trans-spéciste, à nous, hommes et animaux[3].

L'animal-machine est-il ce que nous mettons à distance, pour mieux nous en distinguer ? La machine animale est-elle ce qui menace de nous supplanter ? Pour répondre à ces questions, il faut sans doute les reformuler, c'est-à-dire renoncer à les poser en termes d'identité, déterminant une essence ou un être (ce qu'est une machine ou un animal) pour les envisager en termes de relations (pouvons-nous avoir avec des machines des relations comparables à celles que nous avons avec les animaux ?). Passer des animaux-machines aux machines animales, c'est en effet abandonner une définition essentialiste, ou ontologique, de l'animalité, pour partir à la recherche d'une définition relationnelle, ou extensive. C'est ce que nous ferons en examinant en quoi consiste la théorie de l'animal-machine, comment elle a pu être critiquée et quelles conséquences pratiques on peut tirer de cette critique.

LES ANIMAUX-MACHINES ?

Descartes est-il vraiment l'auteur de la théorie des animaux-machines ? C'est ce que l'on considère généralement (à partir de la cinquième partie du *Discours de la méthode*, et de la lettre au marquis de Newcastle du 23 novembre 1646, notamment), mais un certain nombre d'interprètes s'élèvent contre cette attribution qu'ils jugent calomnieuse : ce sont les cartésiens, plus dogmatiques que leur maître, et non Descartes, qui seraient les véritables défenseurs de la thèse de l'animal-machine. Que l'on veuille ainsi, pour préserver la réputation d'un auteur, nier qu'il soit à l'origine de la théorie des animaux-machines, montre bien à quel point l'idée en est décriée. Aussi n'entrerons-nous pas dans la polémique, car il n'est pas dans notre intention de faire un procès, mais simplement de repérer le cadre conceptuel dans lequel une telle conception (dont personne ne nie l'existence) peut être formulée.

Dans un article célèbre, « Machine et organisme[4] », Georges Canguilhem fait ressortir ce qui lui paraît important, dans la théorie des animaux-machines : elle « est inséparable du "Je pense donc je suis[5]" », c'est-à-dire du dualisme cartésien. Descartes distingue entre deux substances, opposées, et chacune homogène : la pensée (ou l'âme) d'un côté, le corps (ou l'étendue, qui s'appréhende comme figure et mouvement), de l'autre. Les corps fonctionnent sur des principes mécaniques (comme les horloges), aussi les animaux, à qui rien ne permet d'attribuer la pensée ou le langage, ne sont-ils que des corps qui se meuvent eux-mêmes, des automates. Cette idée, selon Canguilhem, « légitime la construction d'un modèle mécanique du vivant[6] ».

Cette conception mécanique des corps, en annulant, dans l'unité d'une même matière, toute distinction entre le vivant et l'inerte, entre l'organique et le mécanique, annule, du même coup, toute barrière ontologique entre le naturel et l'artificiel. « Il est certain que toutes les règles des mécaniques appartiennent à la physique, en sorte que toutes les choses qui sont artificielles sont avec cela naturelles », affirme Descartes[7]. L'artificiel est donc du naturel de plein droit, et, non, comme une lecture d'Aristote pouvait conduire à le penser, une imitation, facilement soupçonnée d'être frauduleuse, d'une nature finalisée[8]. Non seulement le domaine du naturel s'uniformise mais il inclut tous les objets fabriqués.

C'est ainsi qu'à la suppression de la différence entre le naturel et l'artificiel correspond l'ouverture d'une autre distinction, radicale celle-ci, entre le sujet et l'objet. La dualité des deux substances, étendue et pensée, ne laisse plus place à aucun intermédiaire qui pourrait assurer la continuité des animaux aux hommes, de la vie à la pensée. C'est ce qu'était l'âme, dans la doctrine aristotélicienne, à la fois principe de vie et support des facultés intellectuelles. La dualité du sujet et de l'objet sépare l'homme de l'animal, mais, en même temps, partage l'être humain : l'homme a un corps, mécanique comme tous les autres corps, alors qu'il est le seul à avoir un esprit, une intériorité[9].

À cette distinction s'en rajoute une autre, entre Dieu et les hommes. L'identité du naturel et de l'artificiel s'explique aussi par le fait que, dans les deux cas, ce sont des objets fabriqués, des artefacts. Mais la fabrication humaine n'égale pas la création divine. Entre les objets artificiels et naturels, il y a une différence, de taille d'abord (les éléments qui s'agencent dans les artefacts humains sont visibles alors que ceux qui « causent les effets des corps naturels sont ordinairement trop petits pour être aperçus de nos sens[10] »), de complexité ou de perfection ensuite : l'homme est incapable de fabriquer des animaux-machines, même s'il en comprend le mécanisme. Le décalage qui se maintient entre Dieu et l'homme exclut que l'on puisse dire équivalents les animaux-machines (que crée Dieu) et les machines animales que fabriqueraient les hommes.

Descartes n'affirme pas, à proprement parler, que les animaux SONT des machines, il dit plutôt que la probabilité pour que les animaux, dépourvus d'âme, « se meuvent à l'imitation des machines » l'emporte de beaucoup sur les arguments qui nous permettraient d'attribuer une âme aux animaux[11]. À ces animaux dépourvus de pensée (ou d'âme), il ne refuse ni la vie (qui « consiste dans la seule chaleur du cœur »), ni même la sensibilité (« dans la mesure où elle dépend d'un organe corporel »). Aussi, ajoute-t-il, « mon opinion est moins cruelle envers les bêtes qu'elle n'est pieuse envers les hommes qui ne sont plus asservis à la superstition des Pythagoriciens et qui sont délivrés du soupçon de crime toutes les fois qu'ils mangent ou tuent des animaux[12] ».

Cela montre bien l'enjeu de la doctrine des animaux-machines : elle engage notre conduite à leur égard. Allons-nous les considérer comme des alter ego, comme des êtres dotés d'une âme, comparables à nous en ce point, ou pouvons-nous n'y voir que des objets, dont nous faisons ce que nous voulons ? La thèse cartésienne n'est pas dogmatique, elle n'affirme pas que les animaux sont des machines, mais que nous pouvons nous conduire à leur égard comme avec des machines. Aussi est-elle moins ontologique que méthodologique, parce qu'elle est avant tout praxéologique : elle nous invite à connaître les animaux comme des machines, et à les traiter comme tels, dans tous les usages que nous pouvons en faire. En faisant passer, entre les hommes et les animaux, la distinction du sujet et de l'objet, elle les met à distance, et autorise à se les approprier, à les traiter comme des choses, en leur appliquant la distinction juridique de la personne et des choses. De cette façon, le modèle mécanique du vivant n'a pas seulement une importance épistémologique, il règle les pratiques, il affecte le droit et la morale.

On a pu faire remarquer, en effet, que la valeur heuristique du modèle cartésien, celui des « tuyaux, ressorts » et autres instruments…, est faible. Elle convient à l'étude de la circulation du sang, et c'est à peu près tout. Mais l'important est ailleurs, dans ce que ce modèle permet. Dire l'identité du naturel et de l'artificiel, c'est inviter à un même traitement : on peut démonter les corps comme on le fait des horloges. Puisque les animaux ne souffrent pas, on peut donc, sans scrupule, pratiquer la vivisection. C'est ce que raconte le philosophe Francisque Bouillier à propos de Port-Royal : « Il n'y avait guère de solitaire qui ne parlât d'automate. On ne faisait plus une affaire d'abattre un chien […] On élevait de pauvres animaux sur des ais par les quatre pattes pour les ouvrir tout vivants et voir la circulation du sang qui était une grande matière d'entretien[13]. »

Le modèle de l'animal-machine peut se perfectionner. De simplement mécanique, au XVIIᵉ et au XVIIIᵉ siècle, il va devenir au XIXᵉ et au XXᵉ siècle, thermodynamique puis cybernétique : la machine devient système. La zootechnie peut s'en emparer, ce qui ne fait toujours pas des animaux des machines, mais permet de les traiter comme tels, avec plus d'efficacité. Dans l'élevage industriel, l'animal est traité comme une machine à produire, une machine thermodynamique dont on veut augmenter le rendement énergétique. Plus exactement, c'est une sorte d'engin cybernétique, doté de mécanismes d'autorégulation, qui synthétise des protéines animales à partir d'aliments végétaux. De la microbiologie du rumen à l'endocrinologie, en passant par la nutrition, la physiologie de la reproduction et l'embryologie, un éventail de disciplines biologiques a été mobilisé pour affiner l'adéquation entre les besoins physiologiques des animaux domestiques et les performances que l'on attendait d'eux. L'objectif fut de maximiser le rendement de toutes les fonctions (nutrition, croissance, reproduction) tout en évitant les dysfonctionnements, afin de maîtriser le fonctionnement de machines animales de plus en plus productives. La zootechnie moderne s'est ainsi traduite par une amélioration considérable des rendements des machines animales et une augmentation tout aussi impressionnante de la productivité du travail en élevage[14].

Telle est donc la configuration conceptuelle à l'intérieur de laquelle l'animal a pu être envisagé, de façon durable et toujours actuelle, comme une machine. Des trois couples conceptuels qui la composent (l'identité du naturel et de l'artificiel, la distinction du sujet et de l'objet, la différence entre un Dieu créateur et un homme fabricant), les deux premiers sont indispensables. Lorsque La Mettrie publie, en 1747, *L'Homme-machine*, il ne se contente pas de transposer à l'homme la caractérisation du corps animal (« le corps humain est une machine qui monte elle-même ses ressorts ; vivante image du mouvement perpétuel[15] »), il inclut l'âme dans cette mécanique (elle n'est, selon lui, « qu'un principe du mouvement, ou une partie matérielle sensible du cerveau[16] »). Ce faisant, il ne pousse pas jusqu'au bout la position de Descartes, il la met en question. Car, en affirmant la matérialité de l'âme, il annule la distinction du sujet et de l'objet et, par là, la distance qu'elle établissait entre l'homme et l'animal. Cela peut se faire de deux façons. Soit, l'on considère l'homme comme un animal, c'est-à-dire comme une machine, que l'on peut traiter comme telle. Les possibilités inquiétantes de manipulation et d'instrumentalisation qu'ouvre une telle réduction de l'humain au mécanique peuvent justifier que l'on maintienne, sous la forme morale d'une théorie de la personne indépendante de toute détermination physique, la dualité du sujet et de l'objet. Soit, à l'inverse, on considère (et c'est plutôt dans ce sens que va La Mettrie) que la continuité ainsi établie entre l'homme et l'animal redonne à celui-ci la moralité que Descartes lui déniait. C'est s'orienter dans la voie que prend, au XVIIIe siècle, la critique de la conception cartésienne de l'animal-machine : en faisant voir dans l'animal un être sensible, elle rétablit entre l'homme et l'animal une continuité qui permet de faire de celui-ci l'objet d'une attention morale[17].

La troisième distinction, celle du Dieu créateur et de l'homme fabricant, est la moins importante. Car c'est un simple constat (les hommes n'arrivent pas à faire aussi bien que Dieu) qui ne s'accompagne d'aucun interdit. D'habiles artisans n'ont pas attendu Descartes pour chercher à fabriquer des machines animales, capables de se mouvoir sans l'homme, des automates, qui ont tant fasciné les contemporains, Descartes le premier. Mais ces fabrications, bien loin de confirmer la théorie de l'animal-machine,

conduisent à faire la critique du rapport cartésien
entre la machine et l'organisme.

DE L'ANIMAL-MACHINE
À LA MACHINE ANIMALE

La thèse de Canguilhem, par laquelle il remet en
cause la théorie cartésienne de l'animal-machine,
est simple : la machine, explique-t-il, n'a pu devenir
le modèle du vivant que parce qu'elle avait, au préalable, incorporé le principe même du vivant, celui
du mouvement autonome. Une machine est une
construction artificielle, dont le fonctionnement
dépend de mécanismes, et l'on peut définir un
mécanisme comme « une configuration de solides
en mouvement telle que le mouvement n'abolit pas
la configuration[18] ». Une roue est une machine,
aussi bien qu'une charrette, ou une bicyclette. Mais
la machine a aussi besoin d'un moteur, on ne la
représente que dans son association avec une
source d'énergie. Tant que celle-ci, animale ou
humaine, lui reste extérieure, de telles machines ne
sont pas des modèles du vivant. Pour qu'elles le
deviennent, il faut qu'un élément supplémentaire
intervienne : que la machine apparaisse comme son
propre moteur. C'est le cas de l'automate, « dont le
nom signifie à la fois le caractère miraculeux et
l'apparence de suffisance à soi d'un mécanisme
transformant une énergie qui n'est pas, immédiatement du moins, l'effet d'un effort musculaire
humain ou animal[19] ». Le modèle mécanique du
vivant, c'est la machine qui a en elle-même son

principe actif et qui est capable de se réguler ou de se réparer.

Le rapport entre le vivant et le mécanique s'inverse : pour qu'il y ait du mécanique fabriqué, il faut qu'il y ait eu, au préalable, du vivant qui lui serve de modèle. Cela, même Descartes en convient, affirme Canguilhem. Quand Descartes, dans le *Traité de l'homme*, imagine un Dieu fabricateur, fabriquant un parfait automate humain, il lui fait copier le vivant : il faut bien que « le vivant soit donné comme tel, préalablement à la construction de la machine[20] ». Le Dieu de Descartes, l'*Artifex maximus*, ne crée pas le vivant, il travaille à l'égaler. Même Dieu ferait l'animal-machine en imitation d'un vivant. L'antériorité de l'organique sur le mécanique, ainsi mise en évidence pour l'objet fabriqué, conduit à reconsidérer le geste du fabricant. Tout en reconnaissant l'antériorité logique des théories physiques sur la construction des machines, Canguilhem la subordonne à « l'antériorité chronologique et biologique absolues de la construction des machines sur la connaissance de la vie[21] ». Cela conduit à envisager la technique, comme l'écrit encore Canguilhem plus de vingt ans après, non seulement comme « un effet de la science », mais comme un « fait de la vie », d'une vie « parvenue à produire un animal dont l'action sur le milieu s'exerce par la main, l'outil et le langage[22] ».

Ainsi est remise en cause la dualité de l'objet et du sujet qui est aussi celle de l'objet technique et de l'esprit qui la pense. L'objet technique n'est pas séparé du corps, il en représente le prolongement : les outils et les machines sont des extensions du corps, ils font partie de la vie[23]. On peut, de cette façon, aborder les cyborgs. Lorsque le terme apparaît, en 1960, comme abréviation d'« organisme cybernétique », il fait référence « à une créature vivante améliorée, contrôlée par ordinateur par des mécanismes de bio-feedback. Le produit final devait permettre à une personne d'utiliser son cerveau et ses mains lors d'un voyage dans l'espace, sans avoir, pour rester en vie, à se régler sans cesse sur l'environnement[24] ». Il ne s'agit pas tant de nous libérer de l'environnement (en général) que d'étendre notre environnement, un peu à la façon dont un moyen de déplacement (bicyclette, automobile ou avion) étend notre rayon d'action, prolonge et élargit nos schémas corporels. La machine (les mécanismes de feedback du cyborg) ne s'oppose pas à la créature vivante, elle s'intègre dans celle-ci, elle fait un avec elle.

Quelques dizaines d'années plus tard, dans les années 1990, le cyborg fait retour, à travers l'imaginaire, celui du film de science-fiction, *Terminator*. D'animaux-machines qu'ils étaient auparavant (au sens d'animaux appareillés, d'organismes intégrant des mécanismes artificiels), ils se sont transformés en machines animales : « Ils sont un peu grands, un peu mécaniques, mais un peu organiques aussi […] ils sont correctement décrits comme en vie, comme vivants[25]. » Comme le remarque le philosophe canadien Ian Hacking, « ils sont la projection de nos fantasmes[26] ». Mais de quels fantasmes, exactement ?

Ceux de la parfaite autonomie, de l'indépendance de la machine. Si, comme l'explique Canguilhem, l'animal n'a pu être conçu comme une machine qu'à partir du moment où la machine s'est intégré le principe du vivant (sa capacité autorégulatrice, d'homéostasie, ou d'autopoiétique), lorsque l'animal-machine se métamorphose en machine animale, en cyborg qui nous arrive du futur, c'est ce principe même qui revient nous faire face. Il est sans doute inquiétant que le cyborg soit « superméchant », mais il importe surtout qu'il soit superindépendant. Ce qui revient nous affronter, ce n'est pas la machine, mais l'idée que nous nous en faisons, celle de la parfaite indépendance. Le cyborg, ou l'automate accompli.

Or c'est une idée très contestable. « La notion d'automate parfait, écrit le philosophe Gilbert Simondon, est une notion obtenue par passage à la limite, elle recèle quelque chose de contradictoire[27]. » On ne perfectionne pas une machine en accroissant son automatisme, en supprimant sa marge d'indétermination, en la coupant du reste du monde, mais au contraire en l'ouvrant sur le reste du monde, en la mettant en relation avec d'autres objets techniques et avec l'homme. « Une machine complètement automatique, complètement fermée sur elle-même dans un fonctionnement prédéterminé, ne pourrait donner que des résultats sommaires. La machine qui est douée d'une haute technicité est une machine ouverte et l'ensemble des machines ouvertes suppose l'homme comme organisateur permanent, comme interprète vivant des machines les unes par rapport aux autres. Loin d'être le surveillant d'une troupe d'esclaves, l'homme est l'organisateur permanent d'une société des objets techniques qui ont besoin de lui comme les musiciens ont besoin du chef d'orchestre[28]. »

Que l'on fasse de l'animal une machine, ou que l'on conçoive la machine comme un animal (ou un vivant) qui nous menace, le défaut consiste toujours à concevoir les rapports en termes de subordination ou de domination : l'animal-machine est l'esclave de l'homme, son objet. Mais quand le rapport se renverse, la machine animale se libère de la domination et vient nous menacer de son indépendance :

elle nous domine, ou nous supplante. Mais c'est cette indépendance qui fait problème. Les animaux ne sont pas des machines, ils fournissent aux machines le principe qui permet d'en faire des modèles du vivant, le principe de l'autorégulation, de l'indépendance. Et c'est bien ce principe qui, sous forme menaçante, revient avec le cyborg. Identifier le principe qui permet le retournement de l'animal en machine et de la machine en animal, c'est, du même coup, en entamer la critique. C'est une idée bien enracinée que l'émancipation technique passe par l'autonomisation de la technique. Aristote, déjà, ne concevait d'autre fin possible de l'esclavage que celle de l'indépendance des machines : « Si les navettes tissaient d'elles-mêmes[29]... » Mais c'est sans doute là que l'on se trompe. L'important n'est pas de s'autonomiser, mais de développer des relations, de coopération, non de subordination. Cela vaut pour les animaux, comme pour les machines.

D'UN MODE DE RELATION AUX ANIMAUX, COMME AUX MACHINES

La critique la plus répandue de l'animal-machine a consisté à opposer, à l'idéalité du modèle mécanique de l'animal, la réalité de la souffrance animale. Ce fait est la référence sur laquelle s'appuient la plupart des éthiques animales pour réclamer, dans la foulée de la remarque de Bentham (« La question n'est pas : peuvent-ils *raisonner* ? Ni : peuvent-ils *parler* ? Mais bien : peuvent-ils *souffrir*[30] ? »), que l'on prenne moralement en considération les animaux : cela vaut pour les éthiques utilitaristes (comme celle du philosophe australien Peter Singer), mais aussi pour celles qui, tout en s'appuyant sur d'autres principes, reconnaissent la « sagesse » de l'utilitarisme sur ce point[31]. Le problème de ce genre de position, c'est qu'elle expose à une forme de naturalisme essentialiste : il faut déterminer une caractéristique repérable (la sensibilité, la capacité à souffrir) qui accorde à celui qui la possède le droit à la considération morale. C'est déduire le droit du fait, et essentialiser une qualité.

La critique de Canguilhem évite ce genre de difficultés, elle introduit à une éthique relationnelle. À la théorie de l'animal-machine, il n'oppose pas le fait de la souffrance animale (ce serait rétablir la distinction de l'artificiel et du naturel, en posant que les animaux, à la différence des machines, souffrent), mais il critique le système de relations sur lequel cette théorie repose. Il remet en cause la dualité de l'esprit du corps, pour établir du vivant au technique, de l'organisme à la machine, une continuité qui remet à la fois en cause la dualité de l'homme et de son instrument (l'outil prolonge le corps, il en est un organe) et celle de la forme et de la matière, de la théorie et de son application (la technique est un fait de la vie, elle remplit des fonctions d'adaptation).

La technique doit s'appréhender comme un fait vital, mais dans une perspective sociale : celle de la diversité des formes de vie, ou des cultures. « Nous voici venus à voir dans la machine un fait de culture s'exprimant dans des mécanismes qui eux, ne sont rien qu'un fait de nature à expliquer », écrit Canguilhem[32]. Il ne s'agit donc pas d'opposer le naturel et l'artificiel mais d'insérer la continuité du naturel et de l'artificiel (le « fait de nature ») dans la diversité des relations qui composent une culture.

« C'est la raison pour laquelle, continue Canguilhem un peu plus loin, nous trouvons plus de lumière, quoiqu'encore faible, sur la construction des machines, dans les travaux des ethnographes que dans ceux des ingénieurs[33]. » Car les ingénieurs ne s'occupent que du « fait de nature » (la machine comme artefact) alors que les ethnographes prennent en considération le « fait de culture » (la dimension sociale de la machine).

Transposé à la question des animaux, et de leur statut de machines, le jugement de Canguilhem peut se réécrire ainsi : nous apprenons plus, sur les animaux, des éthologues, et des ethnozoologues que des zootechniciens. Ceux-ci ne voient dans l'animal qu'un fait de nature, une machine à la fois artificielle et naturelle. Ils envisagent l'animal sous une forme technique, celle de la fabrication. Cela conduit à appréhender l'élevage, depuis son origine, comme une artificialisation, tout en ajoutant que l'intervention des biotechnologies constitue une inflexion décisive qui fait basculer ce qui est né dans ce qui est fabriqué. On passerait de la ferme au laboratoire : c'est là que sont nées — ou plutôt qu'ont été fabriquées ? — Dolly et Marguerite, la première brebis et la première vache clonées. Les pratiques de sélection ancestrales qui ont accompagné la domestication peuvent sans doute être dites artificielles, en ce qu'elles ont été intentionnelles, mais, pour autant, elles ne diffèrent pas des processus de la sélection naturelle, ceux de l'évolution. Pour importantes qu'aient été les transformations qu'ont subies les animaux domestiqués, elles s'inscrivent dans le cadre d'une filiation repérable et fonctionnelle : même domestiqué, même croisé ou hybridé, l'animal reste le petit de ses parents. La souris manipulée génétiquement n'est pas seulement l'enfant de ses géniteurs, elle est aussi, en partie, le produit du biologiste qui, en manipulant l'embryon, l'a en partie fabriquée. Ce mélange de fabrication et de filiation caractérise tout particulièrement le clonage. Résultat d'un transfert de noyau (une cellule prélevée sur l'animal à cloner est insérée dans un ovocyte énucléé, puis, quand on a réussi à développer un embryon, celui-ci est implanté dans l'utérus d'une mère porteuse), le clonage apparaît comme une technique reproductive qui court-circuite la reproduction sexuée. Faut-il en conclure que nous en sommes à un stade d'artificialisation achevée, qu'il n'y a pas tant identité du naturel et de l'artificiel que disparition du naturel (la naissance et la filiation) au profit de l'artificiel (la fabrication) ?

Mais ces animaux fabriqués continuent à pouvoir se reproduire, à s'insérer dans les réseaux de filiation (et c'est bien pour cela que l'on prend la peine d'interdire qu'ils se reproduisent) de même que ce que l'on redoute des OGM, c'est qu'ils se transforment en échappées de culture et deviennent des plantes envahissantes dont on ne peut plus se débarrasser. On peut donc continuer, avec Canguilhem, à considérer que l'identité du naturel et de l'artificiel se fait du côté du naturel, à l'envisager comme une préséance du naturel sur l'artificiel, de l'organique sur le machinique. C'est pourquoi le modèle de la fabrication, appliqué au vivant, demeure une métaphore assez inadéquate.

On peut en effet distinguer deux modèles de l'action technique : celui de la fabrication, et celui du pilotage. Le modèle de la fabrication est le plus connu, c'est celui du démiurge platonicien, de l'imposition d'une forme à une matière. C'est le modèle dualiste de la science appliquée. C'est à ce modèle de la fabrication que se réfère le génie géné-

tique en présentant son ambition autour de la métaphore du « programme génétique » ou de l'idée que
« tout est dans le gène ». Il suffit de déchiffrer le code
pour comprendre les mécanismes fondamentaux du
vivant et pour les maîtriser. Grâce aux biotechnologies, on peut désormais embrasser l'ambition de
modifier le programme des machines animales. On
parle ainsi de « fabriquer » des animaux « program-
més » pour développer des caractéristiques intéres-
santes — soit pour la recherche médicale (souris
transgéniques développant certains cancers, ou la
maladie d'Alzheimer) ; soit pour l'élevage (comme
des « enviro-pigs » qui fixent plus de phosphate et
de ce fait polluent moins que les porcs normaux) ;
soit pour la production de médicaments, d'alica-
ments ; soit pour reproduire, en les clonant, les animaux les plus performants... Mais à y regarder de
plus près, on se rend compte qu'il s'agit essentiellement de promesses. La réalité est autre. Une brève
enquête dans les laboratoires suffit pour se con-
vaincre que les « constructions génétiques » de la
transgenèse sont des bricolages mal maîtrisés, dont
on ignore largement les conséquences sur la biologie et le comportement des animaux. La focalisa-
tion sur quelques réussites spectaculaires ne doit
pas faire oublier la masse des échecs. Même remarque en ce qui concerne le clonage : combien
d'essais inaboutis, combien d'avortements, combien
de nés non viables pour quelques résultats conformes aux espérances (dont on ne sait pas encore
pourquoi ils le sont). Si ces manipulations génétiques relèvent du bricolage, s'il y a tant de casse et
tant d'incertitude sur le fonctionnement des animaux génétiquement modifiés et/ou clonés, c'est
sans doute parce que les animaux ne sont pas réduc-
tibles à un « programme génétique ». C'est peut-être

aussi, comme l'a proposé le biologiste Henri Atlan, qu'il faut abandonner la métaphore du « programme génétique » et ne voir dans l'ADN nucléaire que des « données mémorisées ». En dépit des efforts des biotechnologies, les animaux résistent à être assimilés à des « fabrications » pré-programmées.

Pour rendre compte de ces travaux, qui, pour n'être pas conformes aux ambitions affichées, n'en sont pas moins remarquables et novateurs, il vaut mieux faire intervenir un autre modèle, celui du pilotage[34], de la modification de processus naturels qui contribuent à la réussite technique : il ne s'agit pas de fabriquer un objet entièrement nouveau, mais d'orienter à son profit des processus naturels préexistants. La maxime en est celle du jardin de Julie, dans *La Nouvelle Héloïse* : « La nature a tout fait, mais sous ma direction[35]. » Les pratiques de sélection relèvent, à l'évidence, du modèle du pilotage. Elles ne se substituent pas aux lois de l'évolution, ni ne les annulent, mais les orientent au profit de l'éleveur. Mais les pratiques de laboratoire, le bricolage du génie génétique peuvent aussi s'appréhender comme un pilotage. Il ne s'agit pas d'appliquer un savoir préexistant à une matière maîtrisée, il s'agit de provoquer des réactions afin de pouvoir les étudier, dans leur nouveauté. La marge d'incertitude, quant à ce qui se produit, est très supérieure à celle des manipulations génétiques traditionnelles.

La nature reprend ses droits : l'identité du naturel et de l'artificiel se lit bien du côté du naturel. L'action technique suppose un milieu vivant préexistant dans lequel elle s'insère, et qu'elle contribue à explorer. C'est un avantage supplémentaire du modèle du pilotage sur celui de la fabrication, lorsqu'il s'agit de réfléchir à la domestication des animaux, et particulièrement à l'élevage. À s'en tenir au seul modèle de la fabrication, on conçoit l'élevage comme une artificialisation, qui impose aux animaux le rapport dualiste, caractéristique de l'animal-machine. Envisager les animaux sous l'angle d'une artificialisation conçue comme une fabrication, c'est non seulement les considérer mais aussi les traiter comme des machines, à qui on impose un rapport de force. Fabrication et domination vont de pair. Transposée aux relations sociales (que ce soit des hommes entre eux, ou des animaux et des hommes), la métaphore de la fabrication se comprend comme une domination.

Or la domestication ne se réduit pas à une artificialisation d'animaux-objets ou machines, elle comporte une « familiarisation[36] » ou une socialisation qui ne s'appréhende pas seulement en termes de domination ou de rapports de force. Passer de l'artificialisation à la socialisation, c'est passer du savoir du zootechnicien à celui de l'éthologue. Résultat d'un processus de socialisation impliquant les hommes et les animaux qui vivaient autour d'eux (commensaux domestiqués), la domestication n'a pu réussir que parce que les hommes n'ont pas traité les animaux comme des machines (en leur imposant un rapport de force, sans communication), comme des objets extérieurs et manipulables. Ils ont eu avec eux des échanges, et la domestication n'a pu se faire sans bénéfices réciproques : schématiquement, comme l'ont remarqué de nombreux auteurs, de Lucrèce à Adam Smith, Dupont de Nemours, ou Henry David Thoreau[37], c'est un échange de protection et de nourriture contre un certain nombre de services. De tels échanges et de tels rapports sont porteurs d'obligations : c'est ce que nous avons désigné par l'expression de « contrat domestique[38] ». Nous voulons dire par là que les rapports à l'intérieur de ces communautés mixtes, qu'ont toujours été les communautés humaines, et qui incluent donc des animaux, ne sont pas des rapports naturels (ils ne sont ni automatiques, ni inscrits dans un ordre naturel préexistant), mais qu'ils sont le résultat d'une histoire, faits d'une certaine forme de consentements volontaires, et réitérés d'une génération à l'autre, à la forme de société ainsi créée. Ces rapports sont réciproques (les obligations ne sont pas à sens unique), mais ils sont inégalitaires (gravement inégalitaires, puisqu'ils incluent la possibilité de mise à mort des animaux).

Les sociétés humaines ont toujours inclus des animaux, ont toujours constitué des communautés mixtes[39]. Mais ces communautés sont à géométrie variable : du XIXe siècle au XXe siècle, le périmètre de ces communautés s'est rétréci et elles ont perdu en diversité. La mécanisation (des transports, du travail) a vidé les villes tout autant que les campagnes de quantités d'animaux, alors que l'élevage industriel, en traitant les animaux comme des machines, détruisait les rapports sociaux complexes qui liaient l'éleveur et ses bêtes, mais aussi les animaux entre eux, faisant disparaître la communauté domestique[40]. Plutôt que d'exclure des animaux de nos communautés mixtes, en les transformant en machines, ne ferions-nous pas mieux d'accepter d'y inclure des machines qui, comme les Tamagotchi, ont vocation à jouer le rôle d'animaux ? « Ouvrir la porte [celle des communautés mixtes ou "hybrides"] à des "personnes animales" signifie que d'autres créatures — artificielles celles-là — vont s'y engouffrer pour réclamer les mêmes droits », remarque Dominique Lestel[41]. Faut-il les y admettre ?

Si l'on s'en tient à une vision aristotélicienne, qui établit, entre le naturel et l'artificiel, une nette sépa-

ration, et déclare le second inférieur au premier, la
réponse est bien évidemment négative : les Tamagotchi sont une imitation frauduleuse, à bannir
comme des imposteurs, qui mettent fin à la nature :
« Le Tamagotchi, écrit François Terrasson, c'est le
crime parfait[42]. » On peut être cartésien : affirmer
l'identité de l'artificiel et du naturel mais poser fer-
mement la distinction du sujet et de l'objet, des
hommes et des choses. Alors on maintiendra le
Tamagotchi à distance, comme on l'a déjà fait des
animaux, il n'a rien à faire avec nous. Mais outre
que l'exclusion des animaux des communautés
humaines pose problème, l'animal-machine est une
construction instable, susceptible de se renverser :
le principe qui permet à la machine de devenir le
modèle du vivant, celui de l'indépendance, menace
de faire retour sous la forme effrayante d'une
machine animale, comme le cyborg.

Il faut donc renoncer à poser la question en termes d'identité, ou d'essence : les animaux sont-ils
des machines ? Les machines sont-elles vivantes ? Il
faut accepter de poser la question en termes de rapports, ceux, en général, que nous avons avec le
vivant, ceux, plus précisément, que nous sommes
capables de développer avec les non-humains avec
qui nous formons des communautés. L'identité que
nous prêtons aux animaux ou aux machines n'est
pas antérieure aux rapports que nous avons avec
eux, c'est dans ces rapports qu'elle se constitue.
Dans ces conditions, pourquoi exclure, *a priori*, les
Tamagotchi, ou les cyborgs ? À trop vouloir séparer
l'homme de l'animal, remarquait Rousseau, on risque de couper l'homme de l'homme, par exemple
en refusant d'inclure dans l'humanité des hommes
que l'on aura pris pour des singes[43]. Suivons son
exemple et disons-nous que, plutôt que de chasser

des animaux (comme les clones) des communautés hybrides ou domestiques, il vaut mieux y inclure des machines. On verra bien comment elles se conduisent et si nous pouvons avoir avec elles des échanges.

CATHERINE LARRÈRE

CHAPITRE III

Des intelligences contagieuses

Harvey est seul. La pièce dans laquelle les grandes personnes au costume blanc viennent de le conduire est spacieuse. Il regarde. Les grandes personnes se sont retirées aussitôt. La salle semble vide. Il en fait le tour et perçoit soudain un reflet lumineux, une grande surface qui se découpe sur l'un des murs. Très bizarre. Peut-être pense-t-il qu'il a affaire à une étendue d'eau qui défierait les lois de la physique. Il s'approche ; il est devant. S'il l'a jamais pensé, il doit maintenant savoir que ce n'est pas de l'eau. Mais c'est encore plus étonnant : il se croyait seul et voilà que devant lui... Non, il doit se tromper. Il y a moyen d'aller voir derrière l'étrange chose, elle n'est pas appuyée au mur, il y a même un large espace qui permet de la contourner. Rien derrière. Harvey revient devant. L'autre est bien là. Derrière, devant. Toujours rien d'un côté. Comment se fait-il ? Harvey peut le voir devant lui, mais quand il tente de le contourner, l'autre n'est plus là. Harvey est pragmatique. Si étrange que soit cet autre, commençons par savoir exactement quelles sont ses intentions. Harvey scrute aux alentours ; là, un petit objet brillant a été abandonné sur le sol. Il s'en saisit et le présente à l'autre. Ah, l'autre a eu la même idée que lui. On est fait pour s'entendre. Harvey bat des ailes. Commençons par dire à l'autre qu'elle lui plaît. « Elle » répond, elle fait exactement la même chose. La porte s'ouvre, les grandes personnes reviennent. On l'emmène. « On recommencera demain, Harvey. » Le lendemain, Harvey finit par se décourager. L'autre, visiblement, s'avère incapable de faire autre chose que lui. Peut-être n'est-ce pas elle, mais lui ? Comment savoir si cet autre ne peut être vu que de face, et encore… Harvey est irrité, maintenant il agresse l'autre. Il saute vers lui, mais visiblement, cela ne l'effraie pas le moins du monde : l'autre saute exactement en même temps.

Lily a vécu la même expérience ; elle a aussi rencontré l'autre. Mais elle n'a pas du tout eu envie de séduire. Non, elle lui a immédiatement signifié que les choses n'allaient pas bien se passer.

Les résultats peu probants de ces relations ont fini par les décourager l'un et l'autre. Cette chose n'avait plus aucun intérêt. Ils auraient même préféré ne plus la voir. Quelques jours plus tard, la chose a changé. Elle n'avait plus ce reflet de lumière. Et l'autre avait disparu. Encore quelques jours, ils l'ont à nouveau retrouvé. Ce n'était plus cette fois dans la grande pièce, mais dans une bien plus petite, une double pièce en fait : dans l'une la chose brillante — avec l'autre qui s'agitait toujours —, dans l'espace à côté, la chose moins brillante, sans l'autre. Harvey et Lily ont préféré la solitude. Que l'autre reste seul aussi. De leur vie, Harvey et Lily n'avaient jamais rencontré de pies aussi stupides. On se demanderait bien où les grandes personnes avaient déniché celle-là.

Ce n'est pas du tout ce qu'ont pensé, de leur côté Gerti, Goldie et Schatzi. Certes, au premier jour, ils ont bien tenté de voir si l'autre était bien un être social réagissant comme elles. Mais dès la seconde visite, les trois pies se sont intéressées tout autrement. Elles sont bien sûr allées derrière le miroir, on ne peut jamais être sûr, elles ont exploré l'image devant elles, avec attention, mais elles ont trouvé l'épreuve décisive pour résoudre l'énigme : elles ont fait des mouvements un peu imprévisibles, se balancer d'avant en arrière, sautiller de même, se gratter avec une patte. On ne peut être sûr de ce que ces trois pies ont inféré de la situation, mais visiblement, elles avaient compris que l'autre devant elle n'était pas réellement un autre. De là à affirmer qu'elles savaient que c'était d'elles qu'il s'agissait, il y a encore un pas à franchir. Un pas ne se franchit pas comme cela, au laboratoire. On ne croit pas les oiseaux sur parole ou sur une intuition, si logique soit-elle. Il faut une épreuve, décisive. Les grandes personnes en tablier blanc se sont alors attelées à la construire et à la proposer aux pies.

Aussi, ces grandes personnes — en l'occurrence les chercheurs allemands Helmut Prior, Ariane Scwarz et Onur Güntürkün[1] — ont-elles soumis leurs cinq oiseaux au test décisif en la matière, ce test célèbre entre tous, ce test que connaissent les chimpanzés depuis les recherches de Gallup à la fin des années 1960, ce test qu'ont réussi depuis lors les ourang-outans, début des années 1970, les bonobos plus tardivement, les dauphins peu après et, juste quelque temps avant les pies, les éléphants d'Asie du zoo du Bronx : le test dit de la tache verte.

Ce test est simple — quoiqu'il ait demandé, pour certains, pas mal de complications. Les chimpanzés, pionniers en la matière, devaient être endormis avant qu'on leur peigne la tache sur le front. Le test, en effet, doit clairement indiquer que l'animal perçoit la tache comme étant *sur son propre front*. Il doit donc ignorer, avant la confrontation au miroir, qu'il porte cette tache. Avec les dauphins et les éléphants, on apprit à travailler de manière plus économique, les pies ont bénéficié de ce progrès. On ne va pas peindre la tache, on va simplement poser un petit autocollant coloré sur leur gorge, juste en dessous du bec, de couleur jaune, rouge ou noir, à un endroit dont on peut être sûr qu'elles ne le voient pas, même en baissant la tête. Il n'est pas besoin de les endormir, le chercheur qui tient l'oiseau lui cache les yeux pendant que son collègue appose rapidement le sticker coloré.

Réussites et succès

Toujours est-il que l'opération rencontre la réussite : Harvey et Lily ne feront rien par rapport à la tache ; Goldie et Gerti, en revanche — et Schatzi dans une moindre mesure —, vont, quant à elles, s'activer à l'enlever, avec le bec d'abord, mais sans y parvenir, avec une de leurs pattes ensuite. Ces pies se sont reconnues dans un miroir. Chacune a visiblement compris que l'autre en face d'elle, c'était elle-même.

On pourrait s'étonner de la manière dont je viens d'évoquer la réussite : le fait que j'associe, pour la qualifier, tant le désintérêt de Harvey et Lily pour l'épreuve que les résultats clairement probants de Goldie et Gerti. Ce n'est pas un raccourci rapide. Je parle de réussite parce qu'il y a eu échec. Car la possibilité de cet échec et ce que les scientifiques vont faire de cette possibilité traduit la robustesse de l'expérience, et son intérêt. Si toutes les pies avaient passé le test avec succès, l'épreuve ne pourrait permettre d'affirmer ce qu'elle peut à présent revendiquer pour les pies : elles peuvent être « reconnaisseuses ». En d'autres termes, du point de vue des chercheurs, les résultats de l'expérience sont d'autant plus convaincants que Harvey et Lily ont échoué. Et je ne pourrais, pour ma part, affirmer avec autant de conviction que je vais le faire, que l'expérience est vraiment intéressante et qu'elle rend les chercheurs et leurs pies plus intelligents.

D'abord, commençons par ce qui tombe sous le sens, avec ce que nous appellerions sans ambiguïté une « réussite », c'est-à-dire avec ce que les chercheurs disent de cette réussite. « Quand les pies sont évaluées sur base des mêmes critères que les primates, écrivent Prior et ses collègues, elles montrent la capacité de reconnaissance de soi et sont dès lors *de notre côté* du Rubicon cognitif. » Je crois que la métaphore du Rubicon cognitif dit bien ce qu'elle veut dire : il y a de l'épopée, de la conquête et de la victoire dans cette histoire, il y a événement, traversée, transgression d'une frontière. Le sort en est jeté : les pies, *Pica pica*, seront les premiers oiseaux à passer la frontière entre les êtres qui se reconnaissent et ceux qui ne le font pas. Mais il y a aussi dans cette aventure, une histoire différente qui se tisse ; une histoire qui réunit, après les quelque 300 millions d'années écoulées depuis le moment de la divergence entre leurs groupes taxonomiques, les corvidés et les primates : les pies sont maintenant *de notre côté* du Rubicon cognitif. Car de fait, après avoir longtemps pensé que l'humain était le seul dépositaire de ce trésor ontologique de la conscience de soi, on en était venu à accepter que les primates pouvaient en revendiquer l'accès ; ensuite avaient suivi, par un effet de contamination des talents assez fréquents dans le domaine de l'éthologie[2], les dauphins, les orques et les éléphants. Or, jusqu'à présent on avait pensé que seuls les mammifères avaient accès à cette compétence : il y aurait, disent d'ailleurs les auteurs dans l'introduction, « un Rubicon cognitif pour les grands singes et quelques autres espèces au comportement social complexe, d'un côté, et tout le reste du règne animal de l'autre côté ». Cette hiérarchisation recevait d'ailleurs sa confirmation biologique, puisqu'on avait fini par la corréler à l'existence et au développement du néocortex chez les mammifères.

Revenons à présent au fait que Harvey et Lily ont échoué au test. J'entends montrer que cet échec signe pour moi la réussite de l'expérience. D'abord, du côté des auteurs, cet échec, loin de mettre en péril la robustesse des résultats, au contraire les confirme. Des 92 chimpanzés mis à l'épreuve par ce zélé garde-frontière du Rubicon cognitif qu'est le psychologue spécialiste des primates Povinelli, seuls 21 ont montré des preuves claires de comportements d'exploration de soi face au miroir, 9 des preuves plus faibles, et parmi les 21 animaux « explorateurs spéculaires », seule la moitié a réussi le test de la tache.

Mais si nous allons un peu plus loin avec ces échecs que je qualifie de réussites, je voudrais vous inviter à prêter attention à une particularité de cette expérience, qui rejoint ce que j'appelle les expériences réussies, la pratique de l'intéressant. Cette expérience, comme d'autres qui lui ressemblent, apparaît remarquable sur un de ses aspects, immédiatement lisible à un indice : c'est une expérience de culture des singularités. Harvey, Lily, Goldie, Gerti et Schatzi n'ont rien à voir avec les cohortes d'anonymes venant témoigner de la spécificité d'une espèce. Ce qui veut dire que les échecs

des pies non reconnaisseuses signent non seulement l'exigence d'une retenue par rapport aux géné-
ralisations — l'expérience nous apprend que des
pies, certaines pies et même plus précisément certaines pies élevées à la main, peuvent, dans certaines circonstances très précises, élaborées avec des
protocoles soigneusement standardisés et relatés
avec autant de précisions dans le chapitre méthodologie en annexe de l'article, développer une compétence inédite. Mais ces pies « non reconnaisseuses »
exhibent en même temps la grandeur de ce type
d'expériences : elles relèvent des expériences d'invention. Le dispositif ne *détermine* pas le comportement qui s'acquiert, il en suscite l'occasion.

Car si *toutes* les pies avaient réussi le test, cela
signifierait deux choses possibles : soit que le comportement est biologiquement déterminé, soit qu'il
est le produit d'un artefact. Or, justement, l'expérience ne nous dit rien de ce qu'est la nature de la
pie, elle ne dit pas « les pies ont la conscience
d'elles-mêmes », elle nous dit seulement quelles
sont les circonstances favorables à cette transformation. La compétence ne relève ni univoquement
de la nature de la pie (le fait d'être pie et non
pigeon certes importe, mais si la compétence était
inscrite dans la nature de la pie, toutes les pies se
reconnaîtraient), ni de la seule efficace du dispositif
(celui-ci aurait « contraint » les pies à se reconnaître) ; elle relève en fait du registre de l'invention
dans des circonstances écologiques particulières.
D'où l'importance de l'échec.

On n'est pas des pigeons

En d'autres termes, si toutes avaient réussi, et les chercheurs en ont pris la pleine mesure, on pourra toujours suspecter que les résultats ne reposent que sur un artefact. Je définirais la possibilité de l'artefact sous le signe du succès, par contraste avec la réussite : oui, l'hypothèse a été validée, l'expérience est un succès ; mais elle ne l'est que parce que l'adhésion de l'animal à l'hypothèse est le produit des contraintes qui lui ont été imposées. Pour définir simplement ce type d'artefact, on pourra dire que l'animal répond au chercheur, mais il répond à une tout autre question que celle que le chercheur lui a posée[3]. Aussi, pour en revenir à nos pies, les chercheurs vont-ils être attentifs à éviter la possibilité que les animaux ne valident leur hypothèse pour de « mauvaises raisons ». On a pu obtenir, de la part de pigeons, des comportements très semblables à ceux induits par le test de la tache dans le miroir. Or, à l'analyse de la procédure, affirment Prior et ses collègues, on se rend compte que les pigeons sont passés par un nombre invraisemblable d'épreuves de conditionnement qui ont fini par produire le modèle comportemental de reconnaissance : les pigeons ont fait ce qu'on leur demandait, mais ils l'ont fait pour de tout autres raisons que la compétence invoquée ; leur réponse est une réponse à une autre question. On le remarquera, à la cohorte des sujets, dans ce type de procédure, correspond souvent une répétition infinie des épreuves. C'est donc une précaution risquée qu'ont donc dû adopter les scientifiques avec leurs pies : elles n'ont droit qu'à quelques épreuves ; le comportement doit être, selon les mots mêmes des chercheurs, *spontané*, et non le résultat d'un apprentissage « aveugle » dont l'issue ne permet pas de valider l'hypothèse d'une compétence cognitive sophistiquée.

L'échec de Harvey et Lily traduit alors la dimension féconde de l'épreuve. Les pies enrôlées dans l'expérience ont pu résister à la proposition qui leur était faite. Le fait de permettre à celles qu'ils interrogent de « récalcitrer[4] » ouvre le dispositif à la surprise en le soumettant au risque. Il y avait peu de risques avec les pigeons, ils sont parmi les meilleurs colporteurs de l'efficacité du conditionnement. Ils ont tous eu la réaction attendue devant le miroir, une fois qu'on la leur eut apprise. Mais le prix est élevé : le chercheur ne peut revendiquer l'autonomie des faits produits. Le dispositif les détermine totalement.

L'échec de Harvey et Lily signe donc la réussite par excellence : l'autonomie des faits produits — ce que les scientifiques appellent « spontanéité » — traduit le fait que le dispositif est une condition nécessaire mais non suffisante de leur production. Certes, sans miroir, sans travail, sans apprivoisement, sans tache, sans épreuves, sans observations, pas de pies reconnaisseuses ; mais si les pies sont contraintes par le dispositif, leur témoignage ne pourra pas sanctionner la différence avec celui des animaux conditionnés. Dans un dispositif risqué, les pies « font différence », entre elles, et avec les pigeons.

Le test du miroir, je l'ai signalé, s'est progressivement propagé chez diverses espèces animales. Il y a comme un véritable effet de contamination. On nous l'annonce, les cochons viennent à leur tour de poser leur candidature de victimes de cette épidémie. En effet, certains viennent de réussir une première épreuve du miroir. Non pas qu'ils se reconnaissent, on ne peut encore rien affirmer à cet égard, et peut-être la reconnaissance de soi n'est-elle pas un sujet de grand intérêt pour les cochons. Mais ils manifestent, quand on leur apprend à se servir du miroir, une compréhension très fine de son utilisation possible. Une équipe de chercheurs anglais a caché de la nourriture et soumis deux groupes de cochons au test suivant : la nourriture est visible dans un miroir[5]. Pour les cochons qui ont été habitués à ce dernier, l'épreuve est facile, ils arrivent très rapidement à dénicher la nourriture. Pour les autres, visiblement, le miroir n'a pas acquis de pouvoir réfléchissant, ils s'évertuent à s'adresser à lui pour essayer d'attraper la nourriture. À nouveau, un contraste se dessine entre la possibilité de réussir l'épreuve, et sa mise en échec. Et à nouveau encore, cette mise en échec devient le témoignage même de l'intelligence du cochon. Le cochon, visiblement, est en train de changer d'identité.

Que nous arrive-t-il ?

Si l'on s'interroge sur les changements d'identité — c'est sous ce terme que je rassemblerais toutes ces compétences émergentes — qui sont proposés aux animaux, nous pouvons certes renvoyer aux changements notables de notre attitude à leur égard, et l'on pourrait rattacher cette contamination des compétences à cette nouvelle attitude, ce nouvel intérêt. On pourra par exemple évoquer une hypothèse relativement similaire à celle que proposait le sociologue Norbert Elias, relatant les modifications de la sensibilité. Dans *La Civilisation des mœurs*, Elias s'étonne des différences de sentiments que nous pouvions éprouver, d'une époque à l'autre, face aux mêmes événements[6]. Ainsi, certaines époques avaient institué comme rituel le fait de jeter des chats dans un bûcher, et ce spectacle pouvait procurer aux spectateurs un plaisir socialement admis. On pourra donc renvoyer cet intérêt accru qui conduit les animaux à être de plus en plus proches de nous du point de vue de leurs compétences cognitives à l'émergence de sensibilités nouvelles, à l'extension d'un souci, lié au sentiment de vulnérabilité du vivant en ces temps de catastrophes, voire au sentiment d'appartenir à une communauté du vivant.

Mais on peut également articuler ces nouvelles préoccupations sans les traduire en termes d'une causalité qui me semble trop simple, avec une nouvelle inventivité des procédures scientifiques, qui promeut d'autres façons de s'adresser aux êtres interrogés. Pour le dire un peu simplement, le conditionnement a été, pendant longtemps, l'instrument privilégié pour étudier les capacités des animaux d'apprendre quelque chose. Il ne l'est plus. On découvre dans le contraste des résultats des différents dispositifs, le problème du conditionnement : il ne rendait pas les animaux intelligents. Ou, en tout cas, il leur demandait visiblement beaucoup trop peu. Le conditionnement est en quelque sorte devenu l'épreuve du pauvre, ou son succès facile. Il me semble que toutes ces recherches récentes témoignent d'une volonté de certains chercheurs à l'égard des animaux : on veut à présent leur accorder des réussites, des réussites qui tiennent à ce qu'ils sont capables de faire ou d'apprendre à faire, non plus comme modèles interchangeables d'un problème général et abstrait (l'Apprentissage) mais comme sujets de talent. De ces réussites, on peut tracer la cartographie : elle prend l'étonnante allure d'un processus de contamination ; l'intelligence se dissémine, d'espèce en espèce, de laboratoire en laboratoire, de laboratoire en lieu de recherches. On ne parlera plus de progrès, mais de progression. Qu'on m'autorise à prolonger la métaphore, cet effet de contamination des compétences ressemble, quoique en ayant franchi la barrière interspécifique, à ce qu'on avait observé chez les mésanges anglaises dans les années 1950, lorsqu'on vit se disséminer la capacité d'ouvrir les capsules des bouteilles de lait déposées devant les maisons : on assista à ce qu'on pourrait appeler une propagation d'un nouvel usage de l'intelligence. Les chercheurs avaient proposé à l'époque, quoique cela suscitât pas mal de controverses, de considérer ce phénomène d'ouverture des bouteilles de lait comme un phénomène de diffusion culturelle.

Alors, à titre de spéculation, je suggérerais de traduire ce phénomène de contamination dans des termes proches de ce que Dan Sperber considère comme un processus épidémiologique et qui serait, selon lui, le processus caractéristique des phénomènes culturels[7]. Dans cette perspective, les dispositifs scientifiques qui proposent de nouvelles compétences aux animaux sont des agencements écologiques inédits qui produisent de nouveaux comportements culturels, qui vont se diffuser de lieux de recherches en lieux de recherches — dans un premier temps. Les scientifiques sont devenus des Midas culturels[8].

En suggérant cela, je sors évidemment la question des cultures animales du contexte étroit dans lesquelles elles sont envisagées — et des controverses stériles quant à l'exigence que ces cultures soient « naturelles » et ne puissent être suspectées d'être influencées par les cultures humaines. Avec cette proposition, c'est à une conception extensive de la culture que nous sommes à présent conviés : extensive, d'une part, au sens où il s'agit d'une conception étendue de la culture ; d'autre part, au sens où ce terme renvoie à des collectifs en extension[9], qu'on les considère, avec Dominique Lestel comme des *communautés hybrides* ou, avec Bruno Latour, comme des *compositions* d'humains et de non-humains[10].

Cultures extensives

La conception épidémiologique de Sperber rend perceptible la nécessité de faire converger les deux sens du terme « culture extensive ». Sperber inter-roge les phénomènes de dissémination ou de propa-gation mêlant humains et non-humains en prenant pour exemple l'histoire des raisins sans pépins. Nor-malement, explique-t-il, les graines ont pour fonction biologique la dispersion et la reproduction des plantes. Cette dispersion peut être obtenue par de multiples moyens. Le vent, l'eau, les insectes buti-neurs ou leurrés par les apparences des fleurs, les ani-maux mangeurs de fruits, et bien sûr les humains cultivateurs sont autant d'agents de dispersion utilisés ou recrutés par les végétaux. Or, certaines formes de plantes bénéficient d'un moyen de dispersion plus subtil encore, tels les raisins sans pépins : ces rai-sins, d'une certaine manière, assurent leur mode de propagation en s'agençant au goût des humains, comme ont pu le faire certaines fleurs, dont la beauté seule explique le succès[11]. On peut à cet égard, comme il le fait, noter que les chiens ont uti-lisé le même mode de dissémination. Ils sont deve-nus attractifs pour les humains, s'assurant un succès sans précédent, un succès que pourraient leur envier les loups qui ont, quant à eux, opté pour la bonne vieille méthode de la reproduction. Ces exemples de disséminations réussies s'inscrivent alors dans une histoire enchevêtrée, qui relève tant du champ de ce que nous avons pris l'habitude d'appeler nature que de celui de la culture, une histoire d'agencements inédits et de co-inventions dans laquelle des êtres se sont transformés mutuellement. Les humains sont devenus des humains « avec chiens », les chiens sont devenus des « chiens avec humains ».

Dans cette perspective, on pourrait réécrire la longue histoire de nombre d'animaux dans leurs relations avec les humains. Certains de ces animaux se sont, pour des raisons diverses, inscrits dans des agencements écologiques inédits avec nous. Certes, certains de ces agencements n'ont rien d'une histoire paisible, certains peuvent même reconduire le contraste que je dessinais entre succès et réussite, notamment ceux qui exhibent des transformations qui appauvrissent, tant ce que veut dire être humain que ce qui signifie être un animal : certes, les cochons, en devenant des sources de protéines, ont trouvé un mode de propagation, il n'y a jamais eu autant de cochons sur la terre, mais ce succès n'a rien d'une réussite, bien au contraire. Rares sont les cochons dont on pourra dire qu'ils ont eu une vie qui valait la peine d'être vécue. Et sans doute rares sont ceux, parmi ceux qui les font grandir et qui les tuent, qui pourront revendiquer une vie bien remplie par les cochons[12].

Cette nouvelle lecture en termes de « faire histoire avec » offre alors une autre traduction, voire un autre diagnostic aux transformations dont nous sommes aujourd'hui les témoins : ces cochons, ceux qui développent des compétences inédites et imprévisibles dans les laboratoires, ces chimpanzés, ces baleines, ces orques, ces éléphants ou ces pies qui se reconnaissent dans un miroir, sans oublier ces singes laveurs de patates observés au Japon, ou encore ces chimpanzés dont on a tout récemment rapporté des comportements de chagrin face à la mort d'une vieille femelle, sont en fait des êtres de culture. Une culture qui n'est ni exclusivement la nôtre, ni exclusivement la leur. Une culture commune que nous expérimentons avec eux, une culture extensive à la fois au sens où hommes et bêtes ajoutent de nouvelles attitudes et de nouveaux comportements aux répertoires de leurs usages et, en même temps, au sens où ces expérimentations créent des collectifs incluant de plus en plus d'êtres qui sont capturés par, et qui fabriquent, cette extension : les chimpanzés reconnaisseurs de Gallup qui favorisent les baleines reconnaisseuses, qui capturent les orques, les pies, les corbeaux et enfin qui suscitent la possibilité, pour les cochons, d'utiliser à leur tour des miroirs.

Cette conception me semble présenter un avantage : économiser les discussions stériles quant à savoir si ces animaux seraient entrés dans la culture si les humains ne s'en étaient pas mêlés. Car c'est bien là une exigence étrange qui pèse sur les animaux : « Ils devraient le faire tout seul », comme on dit familièrement. Qu'on reprenne par exemple le cas tout récent, relayé par National Geographic de novembre 2009 et que nous venons de citer, de ces chimpanzés dans le sanctuaire de Sanaga Yong au Cameroun, dont le silence face au cadavre d'une vieille femelle, étonnant et improbable chez des êtres aussi bruyants, a été interprété comme un comportement de tristesse face à la mort. Comportement culturel, puisque spécifique à ce groupe, ou artefact des conditions de vie en compagnie d'êtres humains[13] ?

En faveur de l'hypothèse de l'artefact, on trouvera l'argument selon lequel ces singes ont vécu près d'un groupe humain pendant longtemps, ce qui, dans la logique récurrente de ce type de raisonnement, devrait invalider l'hypothèse culturelle. Ce type d'argument repose sur une bien étrange contradiction : on voudrait en quelque sorte faire entrer les animaux dans nos histoires — comment dire autrement la volonté de leur attribuer de la culture ? —, mais on requiert d'eux qu'ils y entrent de manière autonome[14].

L'autonomie des faits n'exige pas un tel lit de Procuste : elle demande simplement que les conditions de leur fabrication soient suscitantes et non déterminantes, nécessaires mais non suffisantes. Le chagrin des chimpanzés est le produit d'un agencement écologique compliqué entre des êtres, dont les uns ont inventé le deuil, dont les autres l'apprennent sur un nouveau mode. Le fait que les responsables du sanctuaire aient tenu à montrer le cadavre à la famille de la chimpanzée décédée, afin, disent-ils, « qu'ils comprennent sa disparition », fait partie de cet agencement. Cette initiative a pu susciter, non déterminer. Oui, le chagrin des chimpanzés a pu être « sollicité », tout comme nos propres chagrins face à la mort, quand nous devons apprendre ce qu'elle signifie, sont sollicités par ceux qui nous entourent à ce moment-là — ce qui nous convie à ne pas oublier le lien entre *solliciter* et *sollicitude*. Et si je prolonge ici la veine de William James et de sa théorie des émotions, je suggérerais que le chagrin face à la mort peut recevoir, comme condition possible d'existence, le fait qu'existent des consolations, de la *sollicitude* à son égard. Oui, les soigneurs du sanctuaire sont « responsables » du chagrin des chimpanzés, ils ont pris la responsabilité de guider leur manière d'être affectés sur un mode auquel eux-mêmes pouvaient répondre.

Cette hypothèse d'une culture extensive peut bien sûr être racontée à partir de chacun des points de vue des acteurs impliqués : c'est une nouveauté culturelle dans l'histoire humaine que de faire activement entrer des animaux dans ces registres inédits de comportements, phénomène culturel qui s'ajoute à la longue liste de ceux qui désignent l'apprivoisement et la domestication ; c'est une nouveauté culturelle pour ces animaux que d'entrer dans ces registres inédits. Mais l'idée d'une culture commune extensive, convoquant des êtres les plus divers, une culture au sein de laquelle des inventions se propagent dans des réseaux compliqués où humains et non-humains se font mutuellement faire des choses, se font agir, où les chimpanzés font faire des choses à leurs chercheurs et encouragent ceux des cochons à inventer à leur tour de nouvelles propositions, me semble pouvoir raconter ce qui nous arrive dans des termes qui mettent en appétit par rapport au devenir possible de cette histoire : multiplier les lieux qui, progressivement, composent un monde commun.

VINCIANE DESPRET

CHAPITRE IV

Les maladies animales
révèlent une solidarité vitale

Je voudrais proposer un diagnostic et une hypothèse.

Le diagnostic est le suivant : depuis une vingtaine d'années, les animaux se sont rendus visibles dans l'espace public par leur capacité à rendre les humains malades[1]. La liste des crises sanitaires qui se sont succédé en France est éloquente : vache folle en 1996, grippe aviaire en 2005, grippe porcine en 2009... À l'occasion de chacune de ces crises, nous redécouvrons que les animaux nous ressemblent puisqu'ils peuvent souffrir des mêmes maladies que nous : les vaches deviennent « cannibales » lorsqu'elles mangent de la viande de moutons atteints de « tremblante[2] », les oiseaux se transforment en « bombes à virus » lorsqu'ils survolent l'Europe entre l'Asie et l'Afrique[3], les cochons font éternuer les humains lorsqu'ils sont confinés dans des élevages industriels américains à proximité d'un village mexicain[4]. Mais aussi nous nous efforçons de retracer à cette occasion la barrière entre les humains et les animaux, de façon à ce que les animaux redeviennent invisibles. C'est le travail des experts lorsqu'ils inventent des mots savants pour requalifier ce que l'opinion a immédiatement perçu comme des hybrides monstrueux d'humanité et d'animalité : encéphalopathie spongiforme subaiguë transmissible (ESST) pour la vache folle, influenza pour la grippe aviaire, grippe A pour la grippe porcine[5]. C'est aussi le travail des gouvernements lorsqu'ils ordonnent des abattages massifs d'animaux destinés à montrer aux humains leur souci de les protéger : vaches brûlées en Europe au moment des crises ESB et fièvre aphteuse, poulets gazés en Asie depuis 1997, cochons étouffés en Égypte en mai dernier[6].

Je ne veux pas discuter ici de la justification sanitaire de ces requalifications et de ces abattages, car cela obligerait à étudier chacun des cas dans leur contexte. Je voudrais seulement porter un diagnostic, c'est-à-dire analyser ce qu'il y a de nouveau dans le caractère spectaculaire de ces abattages sanitaires consécutifs à des crises médiatiques. Ce diagnostic ne porte pas tant sur les animaux eux-mêmes que sur les humains qui ont peur de ces maladies animales. Pour l'anthropologue, en effet, les maladies animales, à travers les caractéristiques que j'ai décrites — transmission d'agents infectieux entre les espèces, requalification par les experts, abattages par les autorités — expriment une maladie des humains dans leur rapport aux animaux. Et si ces maladies animales sont vécues comme des crises, notion dont le sens est originellement médical — comme on parle d'une crise de foie lorsque le foie rompt le « bienheureux silence des organes » et se signale au cerveau comme un organe en souffrance[7] —, c'est que les transformations des rapports entre humains et animaux dans les sociétés industrialisées œuvraient silencieusement dans le malaise et la douleur avant d'éclater brutalement.

Qu'y a-t-il donc de nouveau dans les maladies animales des vingt dernières années ? Il est clair que les hommes ont toujours su que les animaux pouvaient les rendre malades, et que dans cette commune exposition aux maladies résidait leur solidarité vitale. La peste était transmise des puces aux rats avant de passer aux humains, et de nombreux observateurs avaient déjà fait la relation entre les foyers de peste et les hécatombes de rongeurs pour voir en celles-ci des signes annonciateurs (on dirait aujourd'hui des sentinelles) de la maladie[8]. La tuberculose d'origine bovine tuait au début du XXᵉ siècle une personne sur sept en France, et elle est encore une des maladies les plus dévastatrices dans les pays en développement ; dans les campagnes, on pouvait relier la maladie d'un des membres de la famille aux symptômes présentés par les vaches[9]. Les maladies animales sont donc aussi anciennes que la domestication des animaux, au point que certains anthropologues ont expliqué l'effondrement des sociétés amérindiennes par le transport d'animaux européens porteurs de germes contre lesquels les indigènes n'étaient pas immunisés[10]. Domestiquer des animaux implique en effet d'importer dans l'espace de la maison (*domus*) des maladies qui sont apparues dans l'espace sauvage de la forêt, ce qui en rend possibles l'observation et le contrôle[11] : la ferme a sans doute été un des premiers laboratoires d'étude des maladies animales.

Qualifier ce qu'il y a de nouveau dans les maladies animales, c'est donc proposer une explication du mal à partir d'une hypothèse. Il me semble que deux hypothèses peuvent être avancées sur le monde humain dans lequel sont apparues les grandes maladies animales des vingt dernières années.

La première invoque la révolution scientifique et politique introduite par la médecine de Pasteur (et par son équivalent en Allemagne à la fin du XIXᵉ siècle, les postulats de Koch, découvreur du bacille portant son nom[12]). Cette révolution consiste à étudier les maladies animales non dans l'espace de la ferme où elles apparaissent mais dans le laboratoire où elles peuvent être reproduites à plusieurs reprises et sur des échelles différentes. On n'explique plus alors les maladies par des esprits malintentionnés (le dieu des vaches se vengeant contre un mauvais traitement) ou par de mauvaises influences dans l'air (les « miasmes ») mais par des êtres invisibles à l'œil nu et cependant réels : les microbes (parasites, bactéries, virus, par ordre décroissant de taille). Autrement dit, au lieu de doubler la nature par des forces surnaturelles, on se contente de multiplier le nombre des vivants, et on explique les maladies par de mauvais rapports entre des « grands vivants » et de « petits vivants »[13]. C'est alors que la vaccination prend un nouveau sens. Au lieu d'être une technique empirique basée sur l'expérimentation (comme elle l'était en Chine où elle fut inventée il y a plusieurs siècles et comme elle le fut encore chez Jenner qui la généralisa en Europe au début du XIXᵉ siècle), la vaccination se fonde sur la conception scientifique de la variation de virulence : un microbe qui tue un vivant à un certain niveau de son activité peut au contraire le protéger s'il est atténué ; or une des façons d'atténuer cette activité est de faire passer le microbe d'une espèce animale à une autre[14]. On comprend alors que le mot « vaccination » vienne de l'usage des vaches (*vacca*) pour fabriquer des souches atténuées, que Yersin fabrique du sérum contre la peste en injectant à des chevaux le bacille qu'il vient de découvrir à Hong Kong en 1894, et que les vaccins contre la grippe soient aujourd'hui encore fabriqués sur des embryons de poulets — ce qui pose un ensemble de problèmes techniques et éthiques[15].

Cette révolution scientifique a en effet des conséquences politiques : elle redéfinit la fonction de l'État-nation comme garant de la santé de la population sur son territoire en tant qu'il peut lancer une vaste « guerre contre les microbes ». Et dans cette guerre les animaux sont les premiers sur le front, à la fois comme ce qu'il faut protéger pour maintenir la rentabilité économique et la santé humaine, et ce qu'il faut éventuellement sacrifier s'ils passent du côté de l'ennemi en tombant malades. C'est ainsi que de grandes campagnes sont lancées contre les maladies des vers à soie à la fin du XIXe siècle ou contre la tuberculose bovine au début du XXe siècle. Mais cette guerre n'est pas une guerre éclair : c'est une guerre lente, une guerre de tranchées où il faut repousser l'ennemi jusqu'à ses dernières positions. La médecine pastorienne vise ainsi d'abord les animaux domestiques, puis les animaux sauvages (la vaccination contre la rage donne à Pasteur sa stature de héros lorsqu'un enfant infecté par un renard à la frontière avec l'Allemagne est guéri au laboratoire de l'École normale supérieure), puis les insectes. Le rôle des insectes dans la transmission des maladies animales pose en effet un nouveau problème : d'abord parce qu'ils sont minuscules et proliférants, ensuite parce qu'ils ne sont pas malades mais conservent les microbes dans le sang qu'ils ont prélevé sur un animal et qu'ils vont transfuser sur un autre animal. C'est pourquoi on les appelle « vecteurs » ou « porteurs sains »[16]. De grandes campagnes de désinsectisation sont alors lancées dans les années 1930, qui culminent avec l'invention aux États-Unis du DDT, un puissant insecticide qui peut être pulvérisé depuis des avions sur les zones sauvages. Ainsi l'État-nation redéfinit son rôle en tant qu'il peut contrôler depuis un centre (Paris, Berlin, Washington) la guerre contre les microbes, et redessiner par cercles concentriques la hiérarchie des animaux en fonction de leur proximité avec l'ennemi.

Selon cette première hypothèse, donc, le mal viendrait d'un agent invisible — le microbe — qu'il reviendrait à l'État de combattre en s'appuyant sur la nouvelle médecine. Dans cette rationalité à la fois scientifique et politique, le mal vient des animaux lorsqu'ils tombent du côté de l'ennemi, c'est-à-dire lorsqu'ils cèdent à une « surnature » où les microbes prolifèrent, et le bien vient des humains lorsqu'ils font entrer les animaux dans l'ordre cohérent de la culture. Or cette rationalité a été entièrement remise en question au cours des trente dernières années[17]. On peut dire que c'est la fin des États-nations et la mondialisation néolibérale qui ont entraîné la chute de cette rationalité, mais le diagnostic serait trop général. Prenons pour indice un événement plus fin dont nous ne cessons d'entendre les échos assourdis. Dans les années 1970, l'Organisation mondiale de la Santé, créée en 1945 et basée à Genève, lançait une vaste campagne de vaccination contre la variole dans le monde. La variole est une maladie infectieuse très sévère qui a pour particularité de ne pas se transmettre d'une espèce animale à une autre (bien qu'il y ait des formes de variole du poulet ou du singe) : il était donc possible d'éradiquer le virus de la population humaine sans toucher aux animaux. La médecine pastorienne se trouvait ainsi appliquée à l'échelle de la planète avec succès, ce qui conduisit l'OMS à annoncer triomphalement la fin des maladies infectieuses. Deux événements (entre autres) la conduisirent à revoir son pronostic : d'une part, l'apparition en 1976 d'une nouvelle souche de grippe d'origine porcine qui conduisit le gouvernement américain à lancer une grande campagne de vaccination, puis à l'arrêter lorsque apparurent de nombreux syndromes de dénégérescence nerveuse dits de Guillain-Barré (épisode resté célèbre sous le nom de « Swine Flu Fiasco[18] »), d'autre part, la découverte aux États-Unis d'une nouvelle maladie causant la déficience du système immunitaire, appelée VIH/sida, dont le virus fut rapidement identifié et dont les formes animales furent retracées chez les singes des forêts africaines[19]. La conjonction dramatique de ces deux événements conduisit, à rebours du pronostic de l'OMS, à prévoir l'émergence de nouvelles pandémies du réservoir animal avec des conséquences catastrophiques.

La rationalité pastorienne portée par un État centralisateur ne tient donc que si les animaux restent bien à leur place le long de la frontière entre nature et culture ; mais elle s'effondre dès que cette frontière est incessamment traversée par de nouveaux virus. C'est pourquoi je propose une seconde hypothèse pour expliquer la signification prise par les maladies animales. Je l'énoncerai ainsi : les animaux de domestication sont devenus invisibles parce qu'ils circulent trop vite[20]. Le modèle de l'animal domestique avec lequel l'homme est en relation de voisinage, à tel point qu'ils peuvent partager des microbes dans ce que les biologistes appellent une co-évolution[21], s'est scindé en deux modèles inconciliables : l'animal de compagnie, avec lequel on entretient une relation de familiarité mais dont on est incapable de penser les maladies (d'où une panique souvent constatée par les vétérinaires de ville), et l'animal d'élevage dont on gère les flux de façon industrielle et dont les maladies sont traitées comme des erreurs de production. Dans cette perspective, les animaux d'élevage apparaissent comme plus proches des animaux sauvages : comme eux ils circulent de façon incontrôlée sur la planète au hasard des rachats, fusions et autres contrebandes. C'est ainsi qu'on explique la transmission de la grippe aviaire d'Asie en Europe en 2005 non plus, comme ce fut d'abord le cas selon la rationalité pastorienne classique, par les oiseaux sauvages migrateurs, mais par la commercialisation des volailles domestiques, puisque des poulets vivants peuvent être échangés entre Chinois et Russes sur le Transsibérien ou des œufs de poules fécondés en Hollande et cultivés au Nigeria[22]. On comprend alors le nouveau rôle des crises sanitaires, analogue à celui des crises financières : elles rendent visibles dans l'espace public ces animaux qui circulent intensément dans l'espace global en présentant de nouveaux risques pour les humains. Si les animaux de compagnie ont beaucoup occupé les représentations collectives au cours de ces dernières années, sous la forme anthropisée d'un animal docile attendant son maître dans le repos de la maison, les crises sanitaires font apparaître les animaux d'élevage comme des monstres hybrides issus des nouveaux circuits de production : vache cannibale, poulet porteur de bombe à virus, cochon masqué... On peut bien dire alors que, sous cette forme monstrueuse, les animaux prennent leur revanche contre le traitement que les humains leur ont imposé, et font des microbes leurs alliés dans une vaste contre-attaque des victimes de la mondialisation[23].

Si l'on accepte cette hypothèse en réponse au diagnostic de départ, quel pronostic peut-on faire ? On a vu que dans la première hypothèse, celle de l'État centralisateur appuyé sur la médecine pastorienne, le pronostic était celui d'une fin des maladies animales grâce aux armes de la vaccination. Mais ce pronostic a été démenti par les crises sanitaires des trente dernières années. Si l'hypothèse que je propose conduit au pronostic d'une réapparition incessante de nouvelles maladies animales, quelles nouvelles relations faut-il instaurer entre le savoir et le pouvoir ? On peut dire que les savants d'État, comme Pasteur et Koch, ont été remplacés par de nouveaux réseaux d'experts mondialisés. Ces experts ne se situent plus au centre des États-nations d'où ils collectent les informations sur les animaux malades, mais ils vont sur les lieux où les nouvelles maladies émergent, que l'on peut appeler des villes sentinelles : Hong Kong, Le Caire, Mexico sont les lieux où l'intense concentration des animaux produit de nouveaux virus qui se diffusent ensuite rapidement vers les grandes villes des pays développés[24]. Ces experts internationaux se réunissent dans des assemblées qui fédèrent l'information et instituent des normes plus ou moins reproduites aux niveaux nationaux : c'est le rôle de l'Organisation mondiale de la Santé à Genève, de l'Office international des Épizooties à Paris ou du Center for Disease Control à Atlanta[25]. Ils doivent annoncer des catastrophes à venir pour éviter qu'elles ne se produisent en obtenant des moyens financiers permettant de les anticiper, produisant ainsi un « catastrophisme éclairé[26] ». La surveillance continue tend alors à remplacer la grande offensive de la vaccination[27].

Lorsque le travail des experts en sciences naturelles consiste à se tenir sur cette frontière entre les animaux et les humains pour produire un savoir sur les maux qui les affectent en commun, quel est alors le rôle des sciences sociales dans cette nouvelle rationalité scientifique ? Si, au cours du XXe siècle, les sciences sociales ont eu pour tâche de durcir la frontière entre nature et culture en vue de fonder les États-nations sur des normes morales, leur rôle aujourd'hui est plutôt de rendre cette frontière incertaine[28]. Elles prolongeraient ainsi à la fois le travail des experts lorsqu'ils se situent sur cette frontière pour voir comment des oiseaux annoncent les maladies à venir (ce qui n'exclut pas une forme d'attachement, comme le montrent les ornithologues), et celui des médias lorsqu'ils annoncent les crises sanitaires par lesquels les animaux d'élevage deviennent à nouveau visibles. Rendre les animaux à nouveau visibles, c'est lutter contre la tendance des experts à masquer les maladies animales sous des termes techniques, en rappelant le « contrat domestique » par lequel les animaux sont utilisés comme sentinelles des maladies à venir, usines à fabriquer les vaccins, organismes de fabrication des greffes d'organes, et tout simplement source de viande, en échange des soins que les humains leur apportent[29]. Rendre les animaux à nouveau visibles, ce n'est donc pas renforcer la peur des animaux, ni susciter une compassion à leur égard : c'est retrouver la solidarité vitale entre humains et animaux face aux maux qui les affectent. Les sciences sociales se sont en effet constituées au XIXe siècle pour répondre à la question : « Les classes populaires et les peuples colonisés ont-ils les mêmes droits que les élites européennes ? », en montrant la solidarité entre ces différentes formes d'humanité face aux accidents de la vie industrielle[30]. De même aujourd'hui, les sciences sociales peuvent répondre à la « question animale » — Les animaux ont-ils les mêmes droits que les humains et comment les appliquer dans les fermes ou les laboratoires ? — en mettant en lumière la solidarité entre ces différentes formes de vie face aux catastrophes écologiques qui menacent nos sociétés développées.

FRÉDÉRIC KECK
CNRS (Laboratoire d'anthropologie sociale)

CHAPITRE V

À quoi la question
« qui *sont les animaux ?* » engage-t-elle ?

Depuis quelque temps, la « question animale » est posée. Les savoirs académiques se sont eux aussi emparés de la question. Quelle est en effet aujourd'hui l'université qui n'a pas organisé son colloque sur « l'homme et l'animal », la revue qui n'a pas commis son numéro sur ce thème ? C'est une bonne chose. Des controverses jusqu'alors ignorées se sont dessinées, de profondes oppositions et de véritables différends se sont affirmés. Les animaux sont bel et bien entrés sur la scène académique, politique, médiatique et publique. Mais en quels termes ?

Invisibilité

Ce n'est pas une distance, fût-elle immense, mais une véritable rupture, qui sépare la question : « Que sont les animaux ? » de cette autre : « Qui sont les animaux ? » Et cette rupture nous engage loin, puisqu'elle constitue en elle-même, à cause de sa formulation inouïe, la remise en chantier des fondements sur lesquels nous sommes tranquillement et confortablement installés, et dont la division bipartite du droit se fait peut-être le plus clairement l'écho : il y a les choses, d'un côté, les personnes, de l'autre. C'est du côté des choses appropriables que les animaux sont rangés.

La question — neuve, il faut y insister —, qui nous est adressée introduit deux idées qui bouleversent ce schéma, dont nous héritons et à l'intérieur duquel, qu'on le veuille ou non, nous pensons et agissons. Premièrement, les animaux sont là, au pluriel, dans leur diversité, et la chose est remarquable, car c'est le plus souvent de l'animal en général que l'on parle. Deuxièmement, en usant du « qui » et non du « que », une dimension de subjectivité s'affirme, les animaux sont évoqués dans une présence singulière, et qui nous fait face ; tandis que la question : « Que sont les animaux ? » les inclut, les absorbe dans des catégories disciplinaires et une conceptualité préétablies. « Qui sont les animaux ? » nous invite à faire retour sur des individus, nombreux et si divers, et non sur quelque chose. Par le déplacement radical qu'elle opère, cette question nous alerte, nous arrête, nous interrompt, ou devrait nous interrompre, dans l'évidence de nos habitudes de consommations qui sont, pour nombre d'entre elles, des consommations animales, sous une forme invisible ou dont la visibilité est si banale et si intégrée à notre paysage perceptif que son existence n'apparaît pas. C'est en effet en tant que choses, biens, séries ou spécimens, c'est-à-dire éléments interchangeables d'une série, modèle expérimental, « viande sur pied », selon la désignation des professionnels du secteur boucher, que les animaux sont appréhendés et traités. Les animaux n'ont-ils donc ni vie, ni histoire de vie, ni attachement à cette vie pour être aussi massivement et aussi imperturbablement tués ?

Tout se passe comme si les chaînes qui conduisent à la mort des milliards d'entre eux existaient dans un monde parallèle, car nous n'en avons aucune connaissance ni conscience. Le lien entre la multitude des produits tirés de ces morts et les individus morts pour eux n'est jamais établi. La chose est comme n'étant pas, et ceci n'est pas seulement dû à l'invisibilité relative de la mise à mort, mais au fait que cette mort n'est pas thématisée comme crime et parfois même comme mort. Le témoignage absolument accablant de Jean-Luc Daub[1], qui enquêta durant une quinzaine d'années dans les abattoirs français, pour des associations de défense des animaux, donne à voir, pour la première fois de façon aussi précise, par un œil qui décrit comme le ferait une caméra, le rouleau compresseur qui transforme, dans une répétition sans fin et une cadence infernale, des millions d'animaux en carcasses de viande.

Le principe de réalité impose de donner les chiffres de la mort animale, car on n'a jamais tué autant d'animaux qu'aujourd'hui · par an, 58 milliards de mammifères et d'oiseaux sont tués dans le monde ; 1 milliard et 40 millions de bovins, ovins, caprins, équins et volailles en France pour la consommation carnée. Les poissons ne sont pas comptabilisés « par tête » : pour l'année 2007, 500 000 tonnes de poissons, crustacés et mollusques ont été pêchés et vendus en France. La chasse tue 40 millions d'animaux par an en France, chiffre qui comprend environ 10 millions d'animaux blessés et non retrouvés. 2 millions de vertébrés (les invertébrés ne sont pas comptabilisés) sont « sacrifiés » à l'expérimentation par an en France, tandis que 12 millions le sont dans l'Union européenne.

Comment s'est mis en place le dispositif conceptuel qui entérine le statut de chose pour les animaux ? En référence à ce que Jacques Derrida appelle la « structure sacrificielle », on s'interrogera sur cette « place laissée libre pour une mise à mort non criminelle : avec ingestion, incorporation ou introjection du cadavre[2] », en quoi tient cette structure, dont les effets sont l'autorisation de tuer les animaux, de manière bientôt industrielle et institutionnalisée. Ces deux critères — l'industrialisation et l'institutionnalisation — caractérisent un tournant que Derrida fait remonter à environ deux siècles, marqué par une accélération de la « production », un accroissement du nombre d'animaux tués, une extension des finalités de cette exploitation et une emprise, notamment génétique, qui vise à adapter l'animal à la demande. Ce moment est sans précédent dans l'histoire des relations toujours violentes des hommes envers les animaux.

Dimension subjective

La question : « Que sont les animaux ? » renvoie à une rubrique du savoir, à un secteur de la connaissance, à une science sommée de répondre à une généralité par des généralités. Cette négation de la dimension subjective est attendue dans les sciences biologiques, qui s'intéressent aux mécanismes du vivant en général ou au fonctionnement de l'organisme, encore que certains travaux d'épistémologie — notamment ceux du médecin et philosophe Georges Canguilhem[3] ou encore ceux du psychiatre et neurologue Kurt Goldstein[4] — insistent sur la relation individuelle de tel être vivant à son milieu, dans une perspective différente de celle de l'adaptation, pour inclure la marge d'indétermination propre au comportement animal. On s'étonne plus de trouver cette négation de la dimension subjective dans la psychologie, mais aussi dans la plus grande partie de l'éthologie, c'est-à-dire là où l'on était en droit de l'attendre. La méthode analytique héritée des sciences physiques s'appliqua aussi bien à la vie mentale : le béhaviorisme exporta ses vues jusque dans l'étude de ce dont elle niait l'existence. Cette inadéquation épistémologique entre une méthode (qui vaut pour les sciences de la nature où les chaînes causales sont seules à l'œuvre) et son objet (l'animal et sa vie de relation) a été maintes fois analysée et critiquée par les épistémologues et les historiens des sciences[5]. Il faut ici rendre hommage aux courageux travaux de Jane Goodall. En posant clairement la question : « Qui sont les animaux ? », ils opéraient une rupture dans la trame d'une éthologie souvent morcelante, atomisante du comportement, qui n'est plus regardé comme une totalité, mais comme une juxtaposition d'aspects, de facettes explicatives comme l'adaptation, les indicateurs physiologiques, ou encore la cognition, c'est-à-dire le plus souvent la machine à « neurocalculer » : le cerveau... De manière plus large, la perspective dualiste, qui conduit à étudier le corps d'un côté, l'esprit de l'autre, laisse supposer que l'on peut restituer l'unité de l'individu par la conjonction des données collectées ici et là, sans souci de l'émergence qu'engendre l'union intime du psychique et du corporel. Aussi les actions du corps sont-elles regardées comme des modifications physiologiques et la vie mentale envisagée sous l'angle du seul fonctionnement cérébral. Si l'on détruit le comportement en le segmentant pour l'observer afin de se prononcer, au bout du compte, sur les besoins éthologiques des animaux, c'est finalement le comportement comme totalité dont on s'est débarrassé. On est alors en droit de s'interroger sur la validité des résultats ainsi obtenus. Les « sciences du comportement » ne portent guère leur regard sur cette part d'indétermination inhérente au comportement animal et sur le rapport à soi et à un environnement d'objets signifiants, et dont la signification excède largement la dimension seulement utilitaire ou adaptative. Un bref état des lieux de ces sciences montre combien est niée la dimension singulière, subjective des animaux, en particulier s'agissant de ceux à propos desquels cette prise en compte pourrait s'avérer bouleversante quant aux destinées que nous leur imposons. Il est en effet remarquable que les animaux de ferme ne fassent pas l'objet d'une approche subjectiviste qui en passe par la question « qui » : la tranquillité avec laquelle nous élevons, abattons et mangeons les animaux pourrait s'en trouver ébranlée.

Hésitations

Si l'on se demande quelle sorte de personnes sont les animaux, on se trouve immédiatement embarrassés par le concept inadéquat de personne. Jane Goodall a souvent raconté que le plus inacceptable aux yeux de ses pairs fut d'avoir suggéré que « les chimpanzés avaient des "personnalités"[6] ». Pourtant, le concept éthico-juridique de personne diffère profondément du concept psychologique de personnalité, qui suggère un style individuel ; il ne s'agissait pas pour l'éthologue d'assimiler les chimpanzés à des personnes kantiennes, d'autant que Kant n'accorde pas ce statut à l'ensemble des êtres humains, comme on le sait[7]. La difficulté est moins flagrante avec le concept de sujet, qui n'est pas circonscrit de manière aussi étroite que celui de personne et dont la définition constitue en elle-même un champ de bataille. Mais surtout, le courant de l'éthologie phénoménologique, ouvert par le biologiste allemand Jakob von Uexküll, prolongé et approfondi conceptuellement par le savant hollandais Frederik Buytendijk, a affirmé et étayé l'idée que l'animal est un sujet. Maurice Merleau-Ponty, pour faire pièce au « simplement vivant », montre en quoi l'animal est bien « une *autre existence*[8] ».

De l'autre côté, si l'on demande quelle sorte de choses sont les animaux, on a le sentiment de poser une question contre-intuitive. Si les animaux entrent mal dans la catégorie des personnes, découpée à la mesure de l'homme adulte rationnel et autonome, ils n'entrent pas non plus dans l'immense catégorie des choses, du moins pour le sens commun. Pourtant, c'est bien la catégorie choisie par le droit, et la référence au droit est loin d'être annexe puisqu'il reflète l'état des mœurs. Au « qui », précisément, les animaux n'ont jamais eu droit. La division du droit entre les personnes et les biens est particulièrement éloquente pour notre propos. Le droit n'a pas ménagé de place spécifique aux animaux, pour les classer, comme si la chose allait de soi, du côté des biens. S'exerce donc sur eux le droit des biens. Pour prendre une telle décision, le législateur a pu s'autoriser de bien des éléments relevant à la fois de pratiques immémoriales d'utilisation des animaux, de traditions de pensée, d'habitudes diverses qu'il a entérinées, et donc plus ou moins légitimées en les légalisant. L'encadrement croissant, sous la pression du droit européen, de l'exploitation des animaux, notamment au cours de l'élevage, du transport, de l'abattage, de l'expérimentation, réaffirme certes ce statut de bien, mais en reconnaît en même temps le caractère ambigu : cette propriété vivante et sensible résiste à la saisie. « Nous devons porter une attention particulière aux voies uniques par lesquelles les animaux eux-mêmes résistent à l'assujettissement et à la domination, même si leurs efforts ne sont pas couronnés d'un franc succès[9] », écrit le philosophe américain Matthew Calarco. Il faut entendre par ce qu'il appelle les « *figures de la résistance animale* » : l'éléphant qui s'échappe d'un cirque, le cochon qui s'enfuit de l'abattoir pour errer dans les rues jusqu'à ce que la police le tue, les baleines qui se protègent mutuellement des harpons, le chimpanzé qui s'attaque à l'expérimentateur, l'animal sauvage qui refuse de se laisser attraper.

Apostrophe

« Qui sont les animaux ? » est en revanche adressé à quelqu'un, à un sujet qui se trouve ainsi apostrophé à propos d'autres sujets. Cette question nous invite donc d'emblée à interroger une tradition où l'animal n'a jamais été un sujet. La notion d'objet est suffisamment claire pour qu'on ne s'y arrête pas longuement. Pris dans son opposition au sujet, l'objet est une chose saisissable sans autre forme de procès, disponible, plutôt inerte, qui ne s'oppose pas à sa prise, du moins pas par un de ces mouvements qui expriment un attachement immédiat à sa propre vie (loin de tout projet réflexif sur ce qu'on va faire de sa vie, on parle ici du fait de vivre). Le sujet est une notion plus complexe parce que lestée de définitions visant chaque fois à en renouveler la problématique. Par exemple, le sujet tel que pensé par Emmanuel Levinas veut rompre de manière radicale avec les approches essentiellement réflexives d'un sujet qui se regarde lui-même en train de faire ou de penser, au profit d'un humanisme de la responsabilité infinie pour autrui. Mais ce nouveau sujet obsédé par autrui l'est par un autrui qui n'est jamais que l'autre homme. Si le sujet est une notion feuilletée et plurielle, un trait commun traverse cependant toutes ses définitions : le sujet, c'est l'homme, rien que l'homme, entendons : pas l'animal. Une visée d'exclusion des animaux de la sphère de la responsabilité, du droit, de la liberté, de la réponse, de la constitution d'un monde, etc., sous-tend la définition de la subjectivité. On en vient à se demander si ce n'est pas de cette notion de sujet qu'il faudrait se débarrasser, si elle constitue par excellence et de manière consubstantielle un dispositif d'exclusion des animaux de tout ce qui confère valeur et dignité.

La question : « Qui sont les animaux ? » met en suspens, dans sa formulation même, le socle ininterrogé d'une tradition philosophique qui nous permet « tranquillement[10] », « imperturbablement », « comme si de rien n'était[11] » d'user et d'abuser des animaux. Ces termes évoquent la dimension d'inexistence, à force d'être déniée, d'une réalité qui est comme n'étant pas. Et Jacques Derrida rattache fondamentalement cette tranquillité au fait que l'animal n'a jamais été regardé comme un « qui ». « L'autorisation, la justification de la mise à mort, la mise à mort comme dénégation du meurtre », écrit-il, sont à relier à « l'institution violente du "qui" comme sujet »[12]. L'institution violente du « qui » comme sujet désigne le moment où la qualification philosophique de l'homme comme centre et mesure, monopole de la valeur, s'établit plus solidement, s'inscrit durablement dans la théorie et dans la pratique, en s'incarnant notamment dans le droit positif et dans les pratiques qu'il codifie. Ainsi cette notion s'institutionnalise-t-elle, et cette institution est violente parce qu'elle autorise, permet et justifie par avance tous les traitements concernant ceux qui ne sont pas déclarés « sujets ».

J'en viens à l'autre élément qui doit retenir notre attention : le pluriel. « Qui sont *les animaux* ? » Il y a un lien très fort entre le refus de faire entrer les animaux dans la sphère de la subjectivité et la désignation de leur immense diversité par un singulier, l'animal. Cette pluralité fait éclater l'idée d'une rupture une et indivisible entre « l'Homme et l'Animal » : « [...] jamais on n'aura le droit, écrit Derrida, de tenir les animaux pour les espèces d'un genre qu'on nommerait l'Animal, l'animal en général[13]. » Ce mot, l'animal, est « une appellation que des hommes [...] se sont donné le droit et l'autorité de donner à l'autre vivant[14] ». Ce mot a une fonction : celle de « parquer un grand nombre de vivants sous ce concept : l'Animal, disent-ils[15] ». Cette généralité, cette homogénéisation d'une infinie diversité, ce nivellement sont encore qualifiés de « méconnaissance intéressée ». Aussi la question de la responsabilité de l'homme à l'égard du vivant animal est-elle posée de telle sorte que, dans les traditions métaphysique et théologique occidentales en tout cas, la réponse est toujours non.

Requalifications

Qui sont les animaux ? Nous voici engagés à les requalifier ontologiquement, dans leur être propre : ont-ils un monde propre, c'est-à-dire des objets qui font sens pour eux et qu'ils constituent tels au gré de leurs expériences ? Y a-t-il des choses qui comp-

tent pour eux, en dehors de tout « projet de vie » ?
Les différences qui séparent les espèces animales
les unes des autres, et qui séparent les animaux des
êtres humains ne sont-elles à envisager que sur le
mode de la privation : privation de langage, de raison, de conscience, d'âme, de culture, d'histoire ?
Les animaux ne peuvent-ils être regardés autrement
que comme des êtres déficients au regard d'une
norme constamment humano-centrée ? Mais une
autre impasse consisterait à élever les animaux à
un rang « presque » humain en les évaluant, fût-ce
« à la hausse », à l'aune de leurs « performances »
comparées à celles d'un humain adulte en posses-
sion de tous ses moyens. Ainsi fait-on parler des
singes, ainsi leur fait-on manipuler des symboles
sur des ordinateurs, solidement rivés à un fauteuil...
Ne reconduit-on pas alors le travers que l'on pensait
mettre à mal ? Car les animaux demeurent dans ce
cadre évaluatif des esquisses, des brouillons de
l'homme, donc toujours finalement des êtres par
défaut, auxquels il manque l'essentiel.

Cette impasse est apparue à certains auteurs du
Projet Grands Singes. Ce volume collectif paru en
1993, dirigé par la philosophe italienne Paola Cavalieri et son collègue australien Peter Singer[16], se
propose d'étendre aux grands singes trois droits
fondamentaux : le droit à la vie, la protection de la
liberté individuelle et la prohibition de la torture.
Afin d'inclure les grands singes dans la communauté morale, quête doit être faite des critères qui
s'avèrent *moralement* discriminants. Certains auteurs
fondent leur argumentation sur la présence chez les
grands singes d'attributs (intelligence, vie sociale et
émotionnelle riche) considérés par la tradition philosophique humaniste occidentale comme étant de
nature à fonder ces droits. On s'interroge immédiatement : la recherche de critères qui rapprochent

tels animaux de l'homme n'est-elle pas une forme subtile d'anthropocentrisme ? Ce serait la proximité des grands singes avec l'humain qui leur conférerait une valeur morale à laquelle le reste du genre animal ne pourrait prétendre. Certes, les coordonnateurs de ce travail sont conscients des problèmes posés par cette restriction, et voient dans le choix des grands singes un choix plus stratégique que véritablement satisfaisant sur le plan philosophique. L'abandon de l'exploitation de ces animaux, du fait de son peu d'incidence sur les habitudes de vie humaines, est aisément envisageable, tandis que l'abandon de l'exploitation des autres mammifères conduirait à l'interdiction de la majeure partie de l'élevage pour la boucherie, de la chasse de loisir, de l'expérimentation, du commerce de la fourrure, notamment.

Certains auteurs font cependant valoir que le choix d'attributs en fonction de leur présence chez l'homme présente le grave défaut de fermer la porte aux animaux chez lesquels ces performances cognitives vont en s'estompant pour laisser place à tout autre chose. Car envisagées sous cet angle, ces « performances » (les animaux doivent en effet montrer leur capacité à résoudre des problèmes humains[17]) sont des traces : empreintes, marques qui renvoient à quelque chose de plus haut qu'elles et à l'aune de quoi elles sont évaluées. Le philosophe américain Tom Regan parle d'un « bien mal acquis ». On peut donc, comme plusieurs auteurs de ce livre, dont Tom Regan, s'engager en faveur de la « Déclaration sur les grands singes » et exposer de sérieuses réticences à l'égard d'une argumentation dont on peut se demander si elle n'en vient pas, au bout du compte, à renforcer le statut animal de brouillon, esquisse, être par défaut, ébauche de l'humain au lieu de le mettre à mal. Les différences spécifiques ne devraient-elles pas être envisagées comme des traits qui créent chaque fois un type de rapport aux choses et aux êtres ?

La thèse derridienne déconstructrice de la « structure sacrificielle » conduit immanquablement à la requalification éthique, de même qu'à la requalification juridique des animaux. On ne peut en effet les envisager comme des singularités dont l'être est requalifié tout en les laissant du côté des biens appropriables. Jacques Derrida écrit encore : « Cette violence industrielle, scientifique, technique ne saurait être encore trop longtemps supportée, en fait ou en droit. Elle se trouvera de plus en plus discréditée. Les rapports entre les hommes et les animaux *devront* changer[18]. » Il ajoute que cette nécessité s'accompagnera d'un bouleversement complet de nos façons de penser l'éthique et l'ontologie, c'est-à-dire les devoirs, les droits, la valeur et le sens des êtres vivants. L'excès inouï de l'exploitation des animaux conduira peut-être à une question en retour qui posera en d'autres termes les assises d'un autre type de relations. Il faudrait pour cela que s'inventât une autre anthropologie. Comment changer de regard ? Comment entendre des voix autres ? Comment donner une place à ceux qui n'en ont jamais eu aussi peu ? Pour nous engager sur cette voie, ne nous faut-il pas d'abord nous défaire de cette arrogance tranquille avec laquelle nous faisons couler le sang des bêtes ?

FLORENCE BURGAT

CHAPITRE VI

Déverrouiller le débat juridique

La rencontre des juristes avec les représentants des autres disciplines est toujours très difficile à établir. Il y a toujours, chez les juristes, une certaine rigidité, un certain conservatisme, une certaine peur institutionnalisée du mouvement, qui ont une fâcheuse tendance à les figer dans une attitude arrogante, renforcée par un vocabulaire à part et la certitude que, de toute façon, si les choses tournent mal, ils finiront toujours, grâce aux tribunaux qui parlent la même langue qu'eux, par avoir le dernier mot. Aussi s'infligent-ils à eux-mêmes la plus terrible des sanctions qu'ils pourraient redouter : en être réduits à ne parler qu'entre eux.

S'il y a si peu de juristes pour s'intéresser aux animaux, c'est parce que le débat juridique est verrouillé. Il est verrouillé parce que la question qu'ils se posent n'est pas : « Qui sont les animaux ? » mais : « Que sont les animaux ? » et parce que la réponse à cette question, inscrite en toutes lettres aux articles 516, 524 et 528 du vénérable code civil est cinglante : les animaux sont des biens immeubles ou, le plus souvent, meubles. Or il existe un vieil adage latin, peu adapté aux réalités de l'économie moderne, qui continue néanmoins à frapper les

biens meubles que sont les animaux : c'est l'adage
res mobilis, res vilis ; les choses mobilières sont des
choses viles. Les questions relatives aux animaux
sont donc des questions dérisoires qui ne méritent
pas de retenir l'attention des juristes qui sont des
gens austères. Si certains d'entre eux, juges ou uni-
versitaires, venaient à s'écarter de cette ligne de
conduite, ils seraient bien vite rappelés à l'ordre par
les nombreux disciples ou admirateurs du plus
grand juriste français du xxᵉ siècle, l'illustre Jean
Carbonnier, qui avait écrit que le retentissant arrêt
Lunus, par lequel, le 16 janvier 1962[1], la cour de
cassation avait accordé à un propriétaire des dom-
mages-intérêts pour réparer le préjudice moral pro-
voqué par la mort de son cheval, avait été rendu
dans « un instant d'aberration[2] » ; le célèbre Doyen
Carbonnier qui considérait, d'une manière plus
générale, que l'un des traits essentiels qui séparent
notre civilisation juridique de celle de l'Orient consiste à refouler impitoyablement les animaux hors
du droit[3]. Cet état d'esprit est ultramajoritaire chez
les juristes. Philippe Malaurie qui, dans la 4ᵉ édition
de son manuel de droit civil consacré aux personnes[4]
écrit, dès la première ligne de la première page :
« Les personnes sont les seuls sujets de droit.
Aujourd'hui on parle aussi des "droits de l'animal" ;
ce qui n'a guère de sens », est un peu le gardien de
cette tradition. Elle n'a cependant pas empêché les
défenseurs des animaux d'obtenir une amélioration
significative de leur protection juridique par des
textes novateurs dont les plus emblématiques restent peut-être le décret du 7 septembre 1959 qui
avait abrogé la vieille et toujours renommée loi
Grammont du 2 juillet 1850 afin d'organiser, pour
la première fois en France, une protection de l'animal pour lui-même en réprimant les mauvais traite-

ments qui lui sont infligés même lorsqu'ils n'ont pas été commis en public, et la loi du 16 juillet 1976 dont l'article 9 a reconnu que l'animal était un être sensible qui devait être placé dans des conditions compatibles avec les impératifs biologiques de son espèce. L'ensemble, aujourd'hui imposant, des règles protectrices des animaux, reste cependant soumis à un cloisonnement qui conduit à en faire figurer la majeure partie dans le code rural. C'est une manière de faire comprendre que le droit applicable aux animaux est un droit sectoriel, corporatiste presque, qui en aucune façon ne saurait intéresser la société tout entière. Ce cloisonnement, cette marginalisation ne permettent pas de répondre à la question : « Qui sont les animaux » que Jean Birnbaum n'a sûrement pas posée par hasard mais bien plutôt parce qu'elle reflète de profondes évolutions des mœurs et des mentalités. Pour que les juristes puissent apporter leur part de réponse à cette question nouvellement formulée, il faut donc commencer par déverrouiller le débat juridique. C'est d'ailleurs pourquoi, avec la philosophe Florence Burgat et le Doyen Jacques Leroy, nous venons de créer une *Revue semestrielle de droit animalier* dont je me permets de faire la publicité, uniquement parce qu'elle est en libre accès sur Internet ; revue qui s'efforcera de mener à plusieurs un travail de réflexion que Mme Suzanne Antoine, auteur d'un rapport trop vite enterré sur le statut juridique de l'animal remis au ministre de la Justice le 10 mars 2005[5], conduisait presque toute seule avec un courage et une détermination exemplaires.

Pour pouvoir déverrouiller le débat juridique, deux moyens complémentaires doivent être prioritairement envisagés. Débattre, c'est s'exprimer. Pour déverrouiller, il faut donc commencer par promouvoir la liberté d'expression de ceux qui se battent pour faire émerger sur la scène juridique des questions relatives aux animaux. Il y a néanmoins de grands risques pour que le débat tourne court si les animaux sont toujours considérés comme des biens. Leur extraction de cette catégorie est donc une condition essentielle à la réussite et aux prolongements juridiques concrets et effectifs des débats qu'ils suscitent. Promotion de la liberté d'expression, extraction des animaux de la catégorie des biens sont donc les deux moyens de déverrouiller.

DÉVERROUILLER PAR LA PROMOTION DE LA LIBERTÉ D'EXPRESSION

En droit français, il existe deux textes essentiels à partir desquels se décline, sous le regard des droits européens et plus particulièrement du droit communautaire soucieux du bien-être animal, la protection des animaux. Il s'agit de deux articles du code pénal : l'article R 654-1 et l'article 521-1. Je suis au regret de devoir vous en infliger la lecture, car si on ne les connaît pas précisément, on ne peut pas comprendre les données du débat juridique que nous nous proposons de déverrouiller.

L'article R-654-1 est l'héritier de la vieille loi Grammont évoquée il y a un instant. Il incrimine les mauvais traitements envers un animal en ces termes : « Le fait, sans nécessité, publiquement ou non, d'exercer volontairement des mauvais traitements envers un animal domestique ou apprivoisé ou tenu en captivité est puni de l'amende prévue pour les contraventions de la 4ᵉ classe », c'est-à-dire 750 euros.

L'article 521-1 réprime quant à lui les sévices graves ou actes de cruauté envers les animaux de la manière suivante : « Le fait, publiquement ou non, d'exercer des sévices graves ou de nature sexuelle, ou de commettre un acte de cruauté envers un animal domestique, ou apprivoisé ou tenu en captivité est puni de deux ans d'emprisonnement et de 30 000 euros d'amende. »

Ce qui nous aura frappé, c'est la différence entre les 750 euros d'amende prévus en cas de mauvais traitements et les deux ans d'emprisonnement accompagnés de 30 000 euros d'amende encourus en cas de sévices graves ou de mauvais traitements. Vous aurez donc entrevu un des premiers enjeux du débat juridique qui se posent en termes de qualification et qui, pour les défenseurs des animaux, consiste à faire passer le maximum de faits de la catégorie mauvais traitements à la catégorie sévices graves ou actes de cruauté. C'est à une bataille de critères qu'il faut alors s'attendre et à laquelle nous invitait d'ailleurs Jean Malaurie en nous demandant de lui définir ce qu'est un acte de cruauté.

Il y a entre les deux textes une autre différence qui saute moins aux yeux et qui n'existe d'ailleurs que depuis une loi du 6 janvier 1999 grâce à Mme Suzanne Antoine. L'article R 654-1 du code pénal vise *le fait, sans nécessité, publiquement ou non d'exercer, etc*. L'article 521-1 commençait de la même manière, mais depuis la réforme de 1999, « sans nécessité » a disparu. On ne peut donc plus plaider que l'on s'est trouvé dans la nécessité d'infliger un acte de cruauté ou un sévice grave à un animal. En revanche, on peut toujours faire valoir la nécessité de faire subir un mauvais traitement à un animal. Vous apercevez là un autre enjeu du débat juridique relatif à la nécessité ou à l'absence de nécessité d'un traitement qui selon le cas ne tombera pas ou tombera sous le coup de l'article R-654-1.

Il y a un point commun aux deux textes qui est essentiel : vous l'aurez noté, les animaux protégés contre les mauvais traitements, les actes de cruauté ou les sévices graves sont exclusivement les animaux domestiques, apprivoisés ou tenus en captivité. Les animaux sauvages, qui, par ailleurs, peuvent être protégés en tant que représentants d'une espèce menacée de disparition et trouver leur place en droit de l'environnement, ne sont donc pas concernés. Vous avez là le troisième enjeu du débat juridique : faire disparaître la distinction pour que les animaux sauvages, également aptes à la souffrance, soient protégés eux aussi contre les mauvais traitements et les actes de cruauté.

Vous vous imaginez à peine les tensions, les crispations, les exaspérations que ces trois « petites » questions peuvent provoquer. Ce sont des siècles de traditions culturelles qu'elles peuvent ébranler ; ce sont des montagnes de millions d'euros qu'elles peuvent éroder et, aussi, des milliers d'emplois qu'elles peuvent menacer. C'est pourquoi de puissants groupes de pression animés par les chasseurs, les expérimentateurs, les éleveurs, l'industrie agro-alimentaire, pharmaceutique, cosmétique, et j'en passe, jettent toutes leurs imposantes forces dans la bataille pour empêcher qu'elles soient posées. Comme le débat est puissamment cadenassé, certains défenseurs des animaux tentent de l'ouvrir par des moyens d'expression violents parfois très voisins d'actes de terrorisme qu'aucun texte, aucun juge, aucun juriste ne pourra jamais justifier. S'ils ne peuvent recourir à la violence, il leur est désormais permis, en revanche, de faire valoir leur point de vue et de déverrouiller le débat en utilisant des formes d'expression provocatrices. Ceux qui veulent continuer à empêcher les questions animalières qui fâchent d'être publiquement débattues ont, en effet, de sérieux soucis à se faire, car une institution, dont on prend chaque jour un peu plus conscience de l'influence majeure sur l'évolution du droit, vient, il y a quelques mois, de libérer, sinon les animaux, du moins l'expression de ceux qui veulent les libérer. Cette institution, placée sous les feux de l'actualité ces derniers jours pour avoir proscrit les crucifix des écoles publiques italiennes et favorisé l'adoption par un homosexuel vivant en couple, c'est la Cour européenne des droits de l'homme. Or, le 30 juin 2009, elle a rendu, dans sa formation la plus solennelle, un arrêt *Verein Gegen Tierfabriken Schweiz c/ Suisse* qui fera date. Il fera date du point de vue général de la promotion des droits de l'homme parce qu'il a fixé l'objectif d'exécution concrète et effective des arrêts rendus par la Cour de Strasbourg ; ce qui constitue, en soi, une véritable révolution juridique dont je ne vous dévoilerai pas ici les mystères. Il fera date aussi pour avoir apporté une victoire que l'on peut qualifier d'historique pour la liberté d'expression des défenseurs des animaux. Cette fois je me dois d'essayer, en quelques phrases, de vous dire pourquoi.

À l'origine de cette longue affaire, il y a une campagne de publicité télévisée produite par des industriels de la viande. En réplique, une turbulente association de protection des animaux, nommée Verein Gegen Tierfabriken, avait réalisé un spot de 52 secondes où l'on voyait des porcs parqués dans

de minuscules enclos dont ils attaquaient nerveuse-
ment les barreaux d'acier. Les images étaient
accompagnées d'un commentaire assimilant un élevage industriel de ce type aux camps de concentration, suivi d'une exhortation du public à manger
moins de viande pour préserver l'intérêt des animaux et l'environnement. Verein Gegen Tierfabriken
avait alors demandé à la chaîne suisse de radiodif-
fusion et de télévision de diffuser ce spot aux tarifs
commerciaux en vigueur. Or, la chaîne de télévision
refusa de donner suite à cette proposition. L'association, s'estimant victime d'une violation de son droit à
la liberté d'expression, qui comprend la liberté de
communiquer des informations ou des idées, a
alors engagé une longue bataille juridique, d'abord
perdue devant les juridictions helvétiques, pour
pouvoir faire connaître aux téléspectateurs son
point de vue radical sur l'élevage industriel. Le
28 juin 2001, une chambre de la Cour européenne
des droits de l'homme avait déjà jugé que ce refus
de diffuser son spot dénonciateur avait constitué
une violation de son droit à la liberté d'expression.
Seulement, les autorités suisses n'avaient pas tenu
le moindre compte de cet arrêt et s'étaient bien gar-
dées d'ordonner à la chaîne de télévision suisse de
diffuser le spot. L'association est donc revenue à la
charge européenne et, le 4 octobre 2007 puis le
30 juin 2009, elle a obtenu un éclatant succès qui
rejaillira sur toutes les associations de protection
des animaux et toutes les personnes physiques qui
prennent la parole pour libérer les animaux, puisque la Cour de Strasbourg a de nouveau condamné
la Suisse pour violation du droit à la liberté d'expression parce que le vieux spot dénonciateur de l'élevage concentrationnaire n'avait toujours pas été
diffusé. Le plus important pour l'avenir de la dis-

cussion, c'est que, pour justifier sa solution, la Cour ait admis que l'élevage des porcs en batterie était une question d'intérêt général, ne laissant pratiquement aucune place à des restrictions à la liberté d'expression, dans la mesure où, ayant trait à la santé des consommateurs et à la protection des animaux, elle présentait un intérêt public certain. Peut-être jugerez-vous à votre tour choquante cette décision rendue en faveur d'une association qui, pour défendre sa cause, n'avait pas hésité à établir un rapprochement audacieux entre les bâtiments d'élevage en batterie et les camps de concentration nazis. C'était choquant, en effet, mais cela a donné à la Cour l'occasion de redire que la liberté d'expression vaut non seulement pour les informations ou les idées accueillies avec faveur ou considérées comme inoffensives, mais aussi pour celles qui heurtent, choquent ou inquiètent car ainsi le veulent le pluralisme, la tolérance et l'esprit d'ouverture sans lesquels il n'est pas de société démocratique.

À propos d'esprit d'ouverture, je crois qu'il est temps de se recommander des fortes leçons de l'arrêt *Verein Gegen Tierfabriken* pour demander aux chasseurs de toutes les traditions, aux éleveurs de toutes les méthodes, aux expérimentateurs de toutes les écoles et à quelques autres d'ouvrir sereinement le débat, de libérer la discussion publique sans plus s'arc-bouter derrière le paravent de comités d'éthique auxquels certains d'entre eux ont le mérite de s'associer. Il faut bien qu'ils commencent à se rendre à l'évidence de cette idée simple mise en lumière par la Cour européenne des droits de l'homme : la protection des animaux, qui sont le support de leurs loisirs, de leurs recherches ou de leurs activités, est une question d'intérêt général face à laquelle il n'y a plus guère de place pour des restrictions à la liberté d'expression.

En organisant ce Forum sur la question : « Qui sont les animaux ? », *Le Monde* a déjà anticipé ce déverrouillage, cette ouverture du débat animalier sur le terrain de la liberté d'expression qui est bien celui qui lui revient le plus évidemment. Seulement, pour que le débat soit véritablement et durablement déverrouillé ou, plus exactement, pour que le déverrouillage du débat public puisse entraîner des conséquences juridiques concrètes et effectives, il faut procéder à une révolution théorique.

DÉVERROUILLER PAR EXTRACTION DES ANIMAUX DE LA CATÉGORIE DES BIENS

Cette seconde partie pourrait aussi bien s'intituler : « Déverrouiller par la personnification des animaux », mais il faut laisser aux esprits le temps de s'habituer et retenir une formulation moins radicale, étant néanmoins observé que reconnaître aux animaux la personnalité juridique serait la seule manière de permettre aux juristes de répondre véritablement à la question : « Qui sont les animaux ? » — Pour le moment, nous en sommes encore à la question : « Que sont les animaux ? », et vous savez que la réponse est : ce sont des biens qui sont les choses vues par le droit. Le droit, comme Florence Burgat, qui a si bien mis en lumière le caractère explosif de la question : « Qui sont les animaux ? », vous l'a déjà indiqué, est organisé à partir d'une distinction cardinale, d'une *summa divisio*, entre les personnes qui sont des sujets de droit et les biens qui ne sont que des objets et qui sont soumis au plus énergique des droits reconnus aux personnes : le droit de propriété qui est le droit de jouir et de disposer des choses de la manière la plus absolue, pourvu que l'on n'en fasse pas un usage prohibé par les lois et les règlements. Les animaux sont tombés dans la mauvaise catégorie ou plutôt dans la catégorie qui les dépouille le plus brutalement de leurs caractéristiques propres, et tout spécialement de leur sensibilité, afin que leur exploitation économique et scientifique et leur assujettissement culturel soient les plus efficaces possibles y compris et d'abord par leur mise à mort. Cette survivance codifiée de la théorie des animaux-machines est, à l'évidence, le plus sûr moyen de verrouiller le débat juridique : si les animaux ne sont que des choses, ils ne méritent pas mieux qu'un chapitre de droit spécial des meubles, comme l'automobile ou les valeurs mobilières. Cependant, cette conception a aujourd'hui du plomb dans l'aile : même les juristes les plus traditionnalistes ont bien conscience de ce que les animaux, êtres vivants, souvent sensibles et parfois aimés, ne peuvent plus continuer à être confondus dans la catégorie des choses avec les torchons et les serviettes, avec les ordinateurs et les bicyclettes, avec les tracteurs et les brevets. Seulement, personne n'est d'accord sur la manière de les faire sortir de la catégorie des choses pour mieux reconnaître qui ils sont ou pour mieux marquer que l'on a enfin admis ce qu'ils ne sont pas. L'hésitation s'explique par la crainte de déverrouiller de manière incontrôlable le débat juridique si on les éloigne trop de leur condition originaire de biens meubles ou immeubles. Ce que je vous propose, c'est d'étudier jusqu'à quel point les uns et les autres veulent déverrouiller le débat juridique en modifiant le statut juridique des animaux. Le moins que l'on puisse faire, et qui a d'ailleurs été fait en France en 1999 par la modification des articles 524 et 528 du code civil, c'est d'affirmer que les animaux ne sont pas des immeubles ou des meubles comme les autres. Il ne s'agit pas là d'une manière efficace et loyale de déverrouiller le débat puisque, en disant que les animaux ne sont pas des immeubles ou des meubles comme les autres, on dit plus explicitement que par le passé que en tant que meubles ou immeubles, ils sont des biens puisque les biens se répartissent entre ces deux catégories.

Une avancée plus significative serait réalisée si, comme l'avait proposé à une époque Mme Suzanne Antoine[6], on rangeait les animaux dans une nouvelle sous-catégorie de biens distincte des meubles et des immeubles. Cette proposition part de l'idée très réaliste suivant laquelle ce qui compte, en définitive, ce n'est pas le statut juridique des animaux, c'est le renforcement de leur protection : peu importe que les animaux restent juridiquement des biens si, comme cela a été le cas depuis le début de la Ve République, grâce à des ministres ou des parlementaires tels qu'Edmond Michelet, Roland Nungesser ou Jacqueline Thome-Patenôtre, les règles destinées à les protéger se multiplient et se précisent. Il est vrai, comme le pense aussi Sonia Desmoulin[7], que l'on peut améliorer beaucoup la condition des animaux sans les extraire de la catégorie des biens. Cependant, il ne suffit pas d'améliorer les règles protectrices : il faut aussi les appliquer. Or, leur application et leur effectivité dépendent nécessairement de l'interprétation qui en sera donnée par le juge. Il est permis de soutenir que le même texte protecteur ne sera pas du tout interprété de la même façon dans un système juridique où les animaux censés en bénéficier sont encore des choses et dans un système où ils ne sont plus des choses. Pour que les solutions déjà trouvées s'appliquent avec la plus grande efficacité possible et pour que, dans le prolongement des idées de Jean-Luc Guichet, de nouvelles questions se posent dans un espace de discussion publique libéré, il semble donc nécessaire d'extraire les animaux de la catégorie des choses. Pour certains d'entre eux, c'est même une nécessité de logique juridique, car dans la mesure où ils sont protégés dans leur propre intérêt, y compris contre leur propriétaire, on ne peut plus vraiment dire qu'ils soient des objets d'appropriation, comme l'a démontré Mme Lucille Boisseau-Sowinski[8]. Nos voisins suisses l'ont d'ailleurs parfaitement compris puisque, depuis le 1er avril 2003, l'article 641a de leur code civil énonce : « Les animaux ne sont pas des choses. » Même si l'article suivant atténue, ou plutôt diffère, la portée de cette affirmation en précisant que sauf disposition contraire, les dispositions s'appliquant aux choses sont également valables pour les animaux, elle n'en constitue pas moins une avancée théorique majeure qui trouve écho dans les Constitutions de nombreux États voisins comme l'Allemagne. Si les animaux ne sont pas des choses, que sont-ils devenus ? Certains, comme le professeur G. Farjat[9] ou Jordane Segura[10], estiment qu'il faut les faire entrer dans une catégorie intermédiaire : ni choses, ni personnes. L'idée est séduisante même si elle peut donner l'impression de laisser les animaux dans une sorte de lévitation juridique. Elle se heurte néanmoins à une difficulté transitoire : si les animaux ne sont plus des choses, on ne peut plus leur appliquer les droits réels classiques qui portent sur les biens ; s'ils ne sont pas des personnes, on ne peut pas leur appliquer les droits qui organisent les relations entre des personnes. Il faut donc mettre en chantier de nouvelles règles, de nouveaux droits adaptés au particularisme de cette nouvelle catégorie intermédiaire. En attendant, le plus simple est de considérer que ce sont des personnes. Seulement, attention, il y a personnes et personnes : il y a les personnes humaines et il y a les autres.

Certains, même sans être aussi radicaux que les Américains Tom Regan[11] et Gary Francione[12], considèrent que les animaux doivent être des personnes, des sujets de droit comme le sont les êtres humains. On se souvient que, dans la célèbre querelle dite des grands singes, Peter Singer et surtout Paola Cavalieri[13] avaient proposé d'étendre les droits de l'homme aux grands singes non humains. Ce point de vue avait été consacré par la Déclaration universelle des droits de l'animal, proclamée devant l'UNESCO le 15 octobre 1978 dont un article affirmait : « Les droits de l'animal doivent être défendus par la loi comme les droits de l'homme. » Cette disposition a cependant disparu de la nouvelle version de la Déclaration universelle des droits de l'animal adoptée en 1990. Il semble donc que l'on en revienne sagement à la formule : « Les droits de l'homme pour les humains, les droits du singe pour les grands singes » que Marie-Angèle Hermitte[14] avait lancée au cours de sa participation à la querelle des grands singes. Il reste que les singes et les autres animaux, du moins ceux d'entre eux qui sont domestiques, apprivoisés ou tenus en captivité, peuvent aussi avoir des droits et être considérés comme des personnes. S'ils ne peuvent pas être revêtus d'une personnalité juridique anthropomorphique qui leur irait comme guêtres à un lapin et qui présenterait décidément trop de péril d'étouffement de l'humanité, il reste à leur octroyer une personnalité juridique purement technique calquée sur le modèle de celle qui est accordée aux personnes morales, associations, syndicats, sociétés qui sont, depuis longtemps, des personnes dont l'existence n'a jamais choqué qui que ce soit.

Je ne reviendrai pas sur la démonstration, ressassée depuis plus de vingt ans[15], de cette réalité technique de la personnalité des animaux qui sont déjà protégés pour eux-mêmes et qui peuvent compter sur leurs maîtres et sur les associations pour les défendre en justice. Disons pour simplifier qu'il n'est pas plus difficile d'organiser techniquement la personnalité juridique des animaux qu'il ne l'a été de mettre en place les EURL. Je ferai aussi remarquer que cette proposition de personnification technique des animaux offrirait l'avantage de la modération et de la souplesse prônées par les philosophes Joël Feinberg[16] et Élisabeth de Fontenay[17] puisqu'elle permettrait de faire varier l'étendue des droits des animaux en fonction de leur proximité avec les hommes. Elle n'en aurait pas moins une portée symbolique propre à déverrouiller le débat juridique.

En guise de conclusion et pour mieux inviter les juristes et les autres à déverrouiller le débat animalier, je ne résiste pas à la tentation de faire observer que *Tristes tropiques* se termine par ces mots : « ... [la] faveur que toute société convoite [...] consiste à saisir l'essence de ce qu'elle fut et continue d'être, en deçà de la pensée et au-delà de la société : [...] dans le clin d'œil alourdi de patience, de sérénité et de pardon réciproque qu'une entente involontaire permet parfois d'échanger avec un chat. » Après le chat de Derrida par lequel Jean Birnbaum avait introduit le sujet par écrit, le chat de Lévi-Strauss pour finir : j'espère que le 21ᵉ Forum du *Monde* est bien retombé sur ses pattes...

JEAN-PIERRE MARGUÉNAUD

CHAPITRE VII

À chacun ses animaux

Je ne répondrai pas directement à la question de savoir s'il faut libérer les animaux, d'abord parce que je manque de compétences pour l'aborder autrement qu'en livrant une opinion non étayée, mais aussi et surtout parce que c'est une question remarquablement ethnocentriste. On voit bien qu'elle fait référence aux thèses du philosophe australien Peter Singer sur la libération animale et aux débats fort vifs suscités par les revendications des organisations animalitaires quant à la transformation du statut des animaux de rente, des animaux de compagnie et de certaines catégories d'espèces sauvages afin de faire valoir à leur endroit un régime juridique nouveau[1]. Cette question est sans aucun doute cruciale et il est de plus en plus manifeste que l'un des grands défis politiques du XXIe siècle sera de trouver les moyens de donner aux non-humains des formes de représentation à la mesure de la place considérable qu'ils occupent dans nos collectifs. C'est parce que nous avons refusé de le faire jusqu'à présent, c'est parce que nous, les Modernes, nous nous sommes constamment attachés à séparer la nature de la société, à dissocier ce qui relève de la sphère des conventions et des normes, d'une part, et ce qui

relève des phénomènes s'accomplissant indépendamment de la volonté humaine, d'autre part, que
nous nous trouvons dans la situation présente, incapables de penser une destinée commune à la cou-
che d'ozone, aux habitants des bidonvilles, aux
poulets en batterie, à l'effet de serre et aux insectes
pollinisateurs[2].

Mais ces non-humains longtemps tenus en lisière,
réduits depuis des siècles à une fonction de res-
source ou d'entourage, identifiés de façon presque
spontanée à des choses, à des phénomènes physiques ou à des appendices techniques, on voit bien
qu'ils forment une cohorte autrement plus nom-
breuse et plus diversifiée que ce que l'on pourrait
appeler les « animaux libérables ». En réalité, c'est
tout ce qui s'insère dans les interstices de la vie
sociale et rend possible les interactions entre
humains qui demande à être pris en compte ; c'est
tout ce que Maurice Merleau-Ponty appelait les
« corps associés[3] », corps organiques autant qu'inor-
ganiques, flux de matière autant qu'accroches à
notre sensibilité, c'est tout cela qui bourdonne,
mugit, fait crépiter les compteurs Geiger et réagir
les éprouvettes qui devrait pouvoir trouver une
expression publique, autrement que comme faire-
valoir, traduction ou ricochet de l'activité des hommes. À l'intérieur de cet ensemble gigantesque,
dans lequel les seuls organismes non humains se
comptent en dizaines de millions d'espèces, les
« animaux libérables », ceux qui mobilisent les organisations animalitaires, ne représentent que quelques dizaines d'espèces tout au plus. Ce sont les
plus familières aux Occidentaux, les animaux
d'élevage, les animaux de compagnie et le gibier,
auxquels s'ajoutent quelques espèces sauvages emblématiques, généralement des prédateurs, dont la

quasi-disparition a été perçue comme une perte symbolique et un appauvrissement de la diversité de la vie ; à cela s'ajoutent des espèces exotiques, à peu près toujours les mêmes, conservées dans des lieux spéciaux pour l'édification et le plaisir du public urbain. Ce sont là les espèces dont on se soucie, parce qu'elles partagent notre intimité ou vivent à notre périphérie immédiate, parce que nous les avons domestiquées, parce que nous nous en alimentons, parce que leur observation dans les zoos ou les cirques nous divertit. Lorsqu'une dimension morale du rapport à l'animal est évoquée, c'est toujours de ces espèces-là qu'on parle, non des bactéries, des tiques ou des harengs. Bref, ce sont *nos* animaux à nous, les citoyens des pays riches.

L'ethnocentrisme de la question de la libération animale vient d'abord de cela, bien sûr. Pour qu'il y ait libération, il faut au préalable un asservissement, et pour qu'il y ait asservissement il faut une domestication, à tout le moins une prise de contrôle. Or, bien des civilisations de par le monde n'ont pas jugé nécessaire de domestiquer, moins par manque d'espèces domesticables que par répugnance à l'égard de la relation croisée de protection et d'assujettissement que la domestication implique. C'est particulièrement net dans les basses terres d'Amérique du Sud et dans le nord de l'Amérique du Nord. Dans le premier cas, les Amérindiens ont apprivoisé toutes les espèces qui pouvaient l'être, du tapir au ouistiti en passant par l'ocelot et l'oiseau-trompette, sans jamais essayer de les faire se reproduire en captivité. Les mammifères sont les petits des animaux tués à la chasse, tandis que les oiseaux sont dénichés au coup par coup. Les uns comme les autres sont donc des orphelins, recueillis par ceux qui ont tué leurs parents, et élevés par les femmes au sein ou à la becquée jusqu'à ce qu'ils puissent s'alimenter par eux-mêmes. Ils sont très rarement maltraités et jamais tués de propos délibéré. L'apprivoisement ainsi conduit est tout sauf une proto-domestication puisqu'il concerne chaque animal individuellement soustrait à son milieu d'origine et ne se transforme jamais en un traitement collectif d'une communauté de reproduction. Dans l'Amérique subarctique, les Amérindiens n'ont jamais essayé non plus de domestiquer le renne, localement appelé caribou, qu'ils chassent sans restriction, tandis que les peuples de Sibérie l'ont, quant à eux, domestiqué sans cesser la plupart du temps de chasser ses congénères sauvages. Même quand elle est techniquement possible, la domestication animale n'est donc pas inéluctable[4].

Ces deux exemples illustrent un fait plus général. Partout, les communautés humaines forment avec des communautés animales des collectifs hybrides dont les caractéristiques sont très variables selon la nature des espèces fréquentées et selon le type de contrôle exercé sur elles. C'est évidemment notable dans le cas des civilisations de pasteurs pour qui le bétail est une composante intrinsèque de la société, mais c'est aussi évident partout ailleurs, que les animaux soient chassés et apprivoisés, apprivoisés sans être chassés, chassés sans être apprivoisés, élevés sans être chassés, chassés et élevés, ni chassés ni élevés, utilisés pour leur viande, pour leurs produits secondaires, pour l'énergie qu'ils fournissent, comme substitut des humains dans les échanges ou dans les sacrifices, comme sources de symboles, modèles de classification ou pour n'importe quelle autre fonction. Chacune de ces formules caractérise un mode particulier de cohabitation et d'interaction entre des humains et des espèces animales à cha-

que fois spécifiques qui rend illusoire toute définition universelle de ce que seraient des « animaux
libérables ».

Du reste, ces collectifs hybrides d'humains et
d'animaux ne se constituent pas au hasard des circonstances et des innovations techniques. Ils sont le
produit direct des qualités positives ou négatives
que les humains ont appris à détecter dans telle ou
telle espèce selon le milieu où ils ont été socialisés.
Tout humain est capable de repérer chez certains
animaux, pour peu qu'il les approche d'assez près,
des traits de comportement qu'il pourra interpréter
en les comparant à ses propres dispositions. Il est
vrai que cela n'est possible que dans les cas de relative proximité phylogénétique : il est incomparable-
ment plus facile de s'identifier à un ours qu'à un
oursin. Mais, au-delà de cette aptitude commune à
toute l'humanité qui permet aux êtres sensibles et
intentionnels que nous sommes de reconnaître dans
des formes de vie pas trop éloignées de la nôtre des
signes d'expérience sensible et d'action intention-
nelle, les propriétés que nous prêtons aux non-
humains varient aussi du tout au tout en fonction
des contextes culturels dans lesquels nous sommes
immergés. Et c'est au fond le type de qualité que
nous croyons déceler dans une espèce animale qui
va définir le rapport que nous entretenons avec elle.
Si je perçois l'animal dont je croise la route comme
une réincarnation de ma grand-mère, comme le
vecteur d'un ensorcellement ou comme un bifteck
sur pattes, je ne le traiterai évidemment pas de la
même manière. Il n'y a pas d'animal en soi. Il n'y a
que des animaux d'une foisonnante diversité avec
lesquels des humains, eux-mêmes très divers, ont
noué au fil du temps des liens fortement contrastés
en fonction de ce qu'ils voyaient en eux. Au demeu-

rant, les études sur les classifications populaires menées par les spécialistes d'ethnozoologie montrent que la plupart des cultures non européennes ne possèdent pas d'équivalent du mot « animal » (ou « plante ») comme taxon englobant un vaste ensemble de formes de vie[5] ; sans doute les similitudes entre certaines espèces animales sont-elles partout perçues, mais la nécessité ne s'est pas partout fait sentir d'un terme qui synthétiserait certaines de ces ressemblances à l'échelle d'un règne qui va de la bactérie à la baleine.

Un petit exercice d'ornithologie comparée nous permettra de mieux comprendre les énormes différences que manifestent les humains dans la représentation qu'ils se font des animaux et dans les traitements qui en découlent[6]. Si j'ai choisi des oiseaux pour cela, c'est qu'ils ont en commun de présenter des traits anatomiques et comportementaux tout à fait typiques qui devraient offrir de ce fait un fondement universel à toutes les conceptions que les humains s'en font, d'autant qu'ils sont probablement la forme de vie animale la plus aisément observable où que l'on soit dans le monde. Les oiseaux offrent en effet une série de similitudes troublantes avec les humains, ce qui fait d'eux d'excellentes métaphores de la condition sociale : c'est d'abord le dimorphisme sexuel très accentué dans certaines espèces, les mâles et les femelles se distinguant aussi nettement par leur plumage que le font l'homme et la femme chez les humains par le vêtement et la parure ; c'est ensuite un développement ontogénique marqué par des stades faciles à identifier — l'œuf, le poussin, l'oisillon, le jeune sujet, l'adulte — qui évoquent la succession des âges de la vie chez les humains ; c'est enfin l'usage de chants d'une extrême diversité, avec des varia-

tions dialectales notables au sein d'une même
espèce, caractéristiques qui ne pouvaient manquer
de rappeler le langage. Pourtant, en dépit de ces
traits communs faciles à repérer, les représentations
très diverses que les humains se font des oiseaux
s'appuient sur des traits distinctifs qui sont plus
souvent inférés qu'observés.

Commençons par un exemple australien. Les tri-
bus Nungar du sud-ouest du continent étaient organisées en moitiés nommées d'après deux oiseaux :
le cacatoès blanc, dont le nom autochtone, *maar-
netj*, peut être traduit par « l'attrapeur », et le corbeau, appelé *waardar*, terme qui signifie « le
guetteur ». La désignation d'une espèce animale par
une caractéristique générale de son comportement
plutôt que par un terme qui lui soit exclusif, un fait
commun en Australie, s'explique en partie par le
statut conféré à ces deux oiseaux totémiques : ils
sont l'origine et l'incarnation substantielle de deux
ensembles contrastés de qualités matérielles et spi-
rituelles — des traits de caractère, des conforma-
tions et aptitudes corporelles, des dispositions
psychiques — réputés spécifiques à tous les membres humains de chacune des moitiés en même
temps qu'à tous les non-humains respectivement
affiliés à celles-ci[7]. Cette communauté des humeurs
et des tempéraments au sein de collectivités hybrides avait déjà été notée il y a plus d'un siècle par
les deux pionniers de l'ethnographie australienne,
William Spencer et Franck Gillen, lorsqu'ils écri-
vaient, à propos de l'Australie centrale : « un homme
regarde l'être qui lui sert de totem comme étant la
même chose que lui-même[8] », non pas, bien sûr,
qu'une telle identification prenne pour objet un corbeau ou un cacatoès particulier observable dans
l'environnement, mais parce que ces deux espèces

constituent des emblèmes d'une relation d'identité physique et morale entre certaines entités du monde, relation qui dépasse et annule les différences morphologiques et fonctionnelles apparentes pour mieux souligner un fond commun de similitudes ontologiques.

Bien loin de là, sur le plateau central du Mexique, les Indiens otomi entretiennent aussi une relation d'identification avec les oiseaux, le vautour noir au premier chef. Ce familier des ordures est en effet l'avatar le plus commun du *tona*, un double animal dont le cycle de vie est parallèle à celui de chaque humain, puisqu'il naît et meurt en même temps que lui, et que tout ce qui porte atteinte à l'intégrité de l'un touche l'autre simultanément[9]. Étiquetée sous le terme de « nagualisme », cette croyance présente dans l'ensemble de la Mésoamérique était considérée par les premiers anthropologues et historiens des religions comme un témoignage d'indistinction entre l'homme et l'animal analogue à ce que pouvaient révéler les faits australiens. On voit pourtant sans peine que la communauté de destin entre la personne humaine et son double animal affirmée par les Otomi — et par bien d'autres peuples du Mexique et d'Amérique centrale — est bien différente de la continuité matérielle et spirituelle postulée par les Nungar, d'abord parce que l'animal est ici une individualité et non une espèce prototypique dépositaire de propriétés partagées, mais aussi parce qu'un humain ne possède pas les traits idiosyncrasiques de la réplique animale à laquelle il est apparié. Il ne lui ressemble ni par son physique ni par son comportement et il ignore la plupart du temps à quelle espèce il appartient. Il faut au contraire que l'homme et son *alter ego* animal soient distingués en essence et en substance pour qu'une relation de correspondance analogique existe entre eux, et pour que les accidents qui surviennent d'abord à l'un des termes puissent affecter son corrélat comme par réverbération.

Plus au sud, en haute Amazonie, les Jivaros achuar réservent une place de choix à un autre oiseau encore, le toucan. Il est d'abord le plus commun des gibiers, c'est-à-dire le plus commun des aliments. À l'instar des autres oiseaux et de la plupart des mammifères, le toucan est dit posséder une âme similaire à celle des humains, faculté qui le range parmi les personnes dotées de subjectivité et d'intentionnalité, et dont il peut faire usage pour communiquer avec toutes les entités dotées du même privilège[10]. C'est aussi en raison de cette disposition interne qu'il est réputé adhérer aux principes et aux valeurs qui régissent l'existence sociale des Achuar ; le toucan est en particulier l'incarnation exemplaire chez les non-humains de la figure du beau-frère, terme par lequel il est désigné dans certains contextes, ce qui fait de lui le partenaire typique de la relation d'affinité que les hommes entretiennent avec le gibier. Toutefois, l'humanité partagée par les Achuar et les toucans est d'ordre moral et non physique : leurs intériorités identiques, fondements de leur commune mesure, se logent dans des corps aux qualités bien différenciées, lesquels définissent et rendent manifestes les frontières des unités sociales séparées, mais de même nature, où se développent leurs vies respectives. Par contraste avec le vautour des Otomi, singularité anonyme demeurant étrangère à la personne à laquelle elle est couplée par une même destinée, le toucan des Achuar est donc membre d'une collectivité de même nature que celle des hommes et, en tant que tel, sujet potentiel d'un rapport social avec n'importe quelle entité, humaine ou non humaine, placée dans la même situation. Mais le toucan diffère aussi des oiseaux totémiques australiens en ce qu'il n'existe pas de continuité matérielle entre les hommes et lui, et que c'est sur le modèle proposé par l'humanité qu'il est réputé calquer sa conduite et ses institutions, non l'inverse.

Revenons maintenant en Europe et considérons les qualités que nous prêtons au perroquet, un oiseau certes exotique, mais dont l'aptitude troublante à imiter la voix humaine fournit depuis longtemps en Occident matière à divertissement et prétexte à distinguos philosophiques. De grands philosophes, Descartes, Locke, Leibniz et quelques autres, ont fait remarquer que les phrases prononcées par le perroquet ne constituent aucunement un indice de son humanité puisque ce volatile ne saurait adapter les impressions qu'il reçoit des objets extérieurs aux signes qu'il reproduit par imitation, raison pour laquelle il serait bien en peine d'inventer des langages nouveaux. Rappelons que dans l'ontologie cartésienne les animaux sont des êtres purement matériels, car ils ne peuvent *a priori* participer de cette substance non étendue qu'est l'âme. Et bien que ce point de vue ait fait l'objet de maintes critiques, nous n'en continuons pas moins à y adhérer spontanément lorsque nous admettons que les humains se distinguent des non-humains par la conscience réflexive, la subjectivité, le pouvoir de signifier, la maîtrise des symboles, et le langage au moyen duquel ces facultés s'expriment. Nous ne mettons pas non plus en doute les conséquences implicites de ce postulat, à savoir que la contingence inhérente à la capacité de produire des signes arbitraires conduit les humains à se différencier entre eux par la forme qu'ils donnent à leurs conventions, et cela en vertu d'une disposition collective que l'on appelait autrefois l'esprit d'un peuple et que nous préférons à présent nommer culture. Enfin, tout comme Descartes, mais avec les justifications plus solides que le darwinisme nous a apportées, nous n'hésitons pas à reconnaître que la composante physique de notre humanité nous situe dans un continuum matériel au sein duquel nous n'apparaissons pas comme une singularité beaucoup plus significative que n'importe quel autre être organisé. Bref, l'idée commune en Occident depuis quelques siècles, c'est que nous différons des animaux par l'esprit, non par le corps.

Ces quatre exemples illustrent des manières très dissemblables d'inférer des qualités dans les animaux et de concevoir en conséquence les relations avec eux que ces qualités autorisent. Soit, dans le cas australien, les animaux sont pris comme des emblèmes de propriétés relativement abstraites que des humains et des non-humains ont reçues en partage et qui fondent leur commune identité par-delà les différences apparentes de forme ; soit, dans le cas mexicain, ils servent à poser une relation anonyme de correspondance entre un individu humain et un individu animal partageant une destinée commune ; soit, dans le cas amazonien, ils sont traités comme des sujets avec lesquels on peut établir des relations de personne à personne ; soit enfin que, dans la tradition occidentale moderne, les animaux soient plutôt conçus comme des choses animées présentant avec les humains des similitudes physiques. Or, seule la dernière formule, celle qui nous est la plus familière, correspond à une situation dans laquelle l'idée d'une libération animale soit envisageable. Parce que, à la différence des trois autres, les animaux y sont vus comme des objets sans dignité morale en ce qu'ils sont incapables de conscience réflexive et de raisonnement, susceptibles de ce fait, pour certains d'entre eux, de passer sous la dépendance de l'homme et de devenir des biens aliénables. Et c'est cela qui les convertit en candidats à l'émancipation si nous jugeons qu'ils le méritent. Une telle perspective n'aurait aucun sens pour le corbeau et le cacatoès des Nungar d'Australie, lesquels représentent des paquets d'attributs identiques à ceux des humains affiliés à leurs classes totémiques respectives, et donc insuffisamment distingués d'eux pour que l'on puisse exercer sur eux un contrôle ; cela n'aurait guère de sens non plus pour le toucan des Achuar, un partenaire social du chasseur qui se retrouve peut-être dans sa marmite, mais avec tous les égards dus à une personne de qualité. Quant au double animal que les Otomi octroient aux humains, il a d'autant moins besoin d'être libéré que tout mauvais traitement qui lui serait infligé aurait des répercussions immédiates sur son double humain. Pour folkloriques ou bizarres qu'elles puissent paraître, ces manières de concevoir des animaux ne concernent pas seulement quelques peuplades à l'écart de la civilisation ; ce sont en réalité des milliards d'humains qui n'ont pas avec les animaux les mêmes rapports que nous.

Prenons donc garde de ne pas généraliser au reste du monde des attitudes, des sensibilités, des comportements à l'égard des non-humains qui résultent, en Europe et en Amérique du Nord, d'une évolution contingente dont les historiens ont retracé les étapes et qui offrent en outre, en Occident même, une grande variété selon les espèces concernées, selon le degré de familiarité avec telle ou telle espèce, selon les habitudes du milieu social et celles transmises au sein des traditions locales. À la question : « qui sont les animaux ? » il n'existe pas de réponse simple en dehors de celle que fournit la simple observation : c'est la classe d'organismes au sein de laquelle je pourrais trouver le support le plus immédiat d'une identification à un autrui non humain pour peu que certains traits de son apparence et de son comportement me le permettent. Mais ce que je fais ensuite de cette potentialité d'identification est très largement déterminé par les choix ontologiques que j'ai appris à recevoir pour vrais dans la culture où j'ai grandi. Bref, il y a au moins autant de traitements des animaux qu'il y a de traitements des humains, et sans considérer que ces derniers soient tous admissibles, il n'est ni souhaitable ni raisonnable de faire des rapports très particuliers à quelques espèces animales qui sont devenus familiers depuis un demi-siècle aux élites urbaines des pays du Nord les seules normes légitimes pour régir les relations entre l'ensemble des humains et l'ensemble des animaux.

PHILIPPE DESCOLA

CHAPITRE VIII

Libérer les animaux ?
Un slogan immoral et absurde

Libérer les animaux ? Qui pourrait être contre un objectif apparemment si généreux ? Qui ne s'indigne devant les conditions d'élevage, de transport et d'abattage induites par le productivisme contemporain ? Qui n'a tremblé d'émotion en voyant à la télévision les conditions de vie (si l'on peut appeler cela une vie) des porcs et des veaux ? Qui ne s'est indigné en apprenant les abandons de chiens sur les bords d'autoroute au début des vacances d'été ? Il est clair que la protection animale fait aujourd'hui partie de nos devoirs.

Toutefois, quand on parle de *libérer* les animaux, on ne veut pas dire « améliorer leurs conditions de vie ». On veut dire tout autre chose : on veut dire cesser de les *exploiter*. On sous-entend donc que les animaux seraient asservis par l'homme. Cela implique que le processus de domestication par lequel l'homme, au moins depuis le néolithique, a appris à apprivoiser, à élever, à entretenir, à soigner, à dresser certaines espèces, à créer de nouvelles espèces, variétés, races, ne serait en fait qu'une gigantesque entreprise d'esclavage. Ainsi, de même qu'il y a 11 000 ans, l'homme a amorcé son processus de civilisation en inventant l'agriculture et l'élevage et en domestiquant plantes et animaux, il faudrait aujourd'hui qu'il s'arrache à cette « barbarie » en libérant les animaux qu'il asservit ainsi depuis plus de cent siècles !

Prenons cette idée étrange au sérieux, et voyons ce qu'elle implique. Libérons donc les animaux. Il faudrait alors commencer par libérer l'espèce qui est la plus dépendante de l'homme, celle qui n'existe qu'à l'état domestique. Ce n'est pas le porc ou le chien, mais le papillon bombyx du mûrier, que les Chinois ont inventé pour produire la soie. Cessons de produire de la soie et cessons par conséquent de créer cette espèce de papillon. Libérons-la, abattons-la.

Libérons, libérons donc. Ouvrons les clapiers, libérons les lapins et tant pis pour l'Australie qui a failli périr (elle et tout son écosystème) sous le poids de son invasion. Libérons les visons en Dordogne, sans nous soucier de la catastrophe écologique que cela entraîne, ce qu'il faut c'est donner à toutes ces pauvres bêtes la « Li-ber-té » (ils n'en demandaient sûrement pas tant). Libérons les moutons de l'homme (après tout, a-t-on vraiment besoin de laine, n'y a-t-il pas assez de matières synthétiques ?), mais libérons aussi les loups sans nous soucier des moutons, et libérons les ours sans nous soucier des paysans des Pyrénées et de leurs troupeaux (ils n'ont qu'à se libérer des ours eux aussi !). Profitons-en aussi pour libérer les chats de leur dépendance à nos maisons, qu'ils retournent chasser dans les forêts ou dans les caves, et pensons aussi à libérer les rats des chats ainsi libérés. Et libérons nos chiens, coupons-leur les laisses, laissons-les errer, seuls, sans maîtres, puisque le maître c'est, par définition, celui qui domine, qui asservit, qui exploite. Conséquence : nous ne mangerons évidemment plus de viande, de

poisson, ni de crustacés. Nous serons végétariens.
Mais nous n'aurons pas non plus de Terre promise
par la Bible, celle « où coulent le lait et le miel »,
puisqu'ils proviennent l'un et l'autre de l'exploitation des animaux. Nous serons dès lors végétaliens.
Mais nous n'aurons plus non plus de pulls de laine,
de chaussures de cuir, de plumes d'autruche, nous
n'userons d'aucune matière qui provient de nos frères animaux. Nous serons donc véganiens. (Question par parenthèse. Si tout élevage est une forme
d'asservissement, comment va-t-on faire pour libérer les pucerons qui sont élevés par les fourmis ?
Nous faudra-t-il attendre la formation d'un hypo-
thétique « Front de libération » des pucerons ?
Peut-on plutôt compter sur une prise de conscience
par les fourmis elles-mêmes de leur pouvoir tor-
tionnaire ? Ou devrons-nous, dans ce cas aussi,
compter sur nous seuls, nous autres l'avant-garde
libératrice des animaux, et forcer les pucerons, les
papillons, les abeilles, les chats, les chiens, les moutons, les poules, les perruches, les saumons, les huî-
tres, les poissons rouges, à être libres, enfin libres ?)
Jusqu'où cette folie « libérationnaire » devra-t-elle
nous faire aller ? Jusqu'au point où, prenant conscience du fait que la plupart de ces variétés, races,
et espèces ne doivent leur survie qu'à leur relation à
l'homme et qu'une fois « libérées » elles ne pourraient retourner marronner à l'état sauvage sans être
immédiatement condamnées à mort, nous prendrons
la seule mesure libératoire efficace et nous nous déci-
derons à castrer et à stériliser tous les animaux
domestiques de la terre afin de nous assurer qu'il n'y
aura plus jamais d'animaux asservis à l'homme. C'est
ce que préconise le penseur américain Gary Francione, qui ose pousser la logique de la « libération
animale » jusque-là. C'est absurde ? C'est en effet

insensé. Mais c'est pourtant absolument cohérent. C'est même le seul type de mesure qui découle rationnellement du principe même de la « libération animale », slogan aussi ingénu qu'irresponsable. On voit que, s'il y a des praticiens de la « libération animale » qui sont des terroristes assumés (voir l'*Animal Liberation Front*), il y a aussi des théoriciens de la libération animale qui sont des dangers publics.

Bien sûr, il faut rappeler qu'en libérant ainsi les animaux, on se prive d'une bonne partie de ce qui a fait l'humanité de l'homme — qui s'est humanisé par la domestication, l'élevage, l'apprivoisement, le dressage, le domptage des autres espèces —, mais aussi évidemment d'une partie de ce qui fait l'animalité de nombreuses espèces animales. Mais qu'importe, puisque l'Homme, voilà l'ennemi, le méchant animal qui asservit tous les autres (les gentils) et qui doit désormais les forcer à se libérer de son propre asservissement !

À quoi est due cette folie « libérationnaire » ? Elle a de nombreuses causes, elle est aussi un symptôme.

Il y a d'abord des facteurs sociologiques, parmi lesquels on peut distinguer des réalités et des idéalités. Le facteur réel, c'est celui dont nous sommes parti : la modernité a entraîné une incontestable dégradation des conditions d'élevage de certains animaux destinés à la consommation humaine (notamment porcs, veaux et poulets), en les réduisant à l'état de marchandises. La prise de conscience de ce phénomène a fini par émouvoir bien légitimement les populations, qui mesurent d'ailleurs mal le prix qu'elles auraient à payer pour un éventuel retour à un élevage plus extensif ou plus respectueux des conditions de vie des bêtes.

Parallèlement à ces changements réels, il y a des mutations dans les représentations. La croissance de l'urbanisation a fait perdre aux habitants de ces mêmes sociétés industrielles tout contact avec la nature sauvage : ces populations ont oublié la lutte ancestrale des hommes contre les espèces nuisibles (pensons aux loups décimeurs de bétail ou aux rats porteurs de peste) et elles ignorent celle que continuent de mener des hommes ailleurs (pensons aux criquets qui ravagent les récoltes africaines, ou même aux chiens errants qui infestent nombre de villes du tiers monde). Mais ces mêmes conditions urbaines ont aussi coupé les hommes de la vie des bêtes dans leur environnement domestique traditionnel, quand tous cohabitaient autour de la maisonnée et que l'on tuait le cochon les jours de fête. Nous avons rompu avec les bêtes réelles, qu'elles soient sauvages ou domestiques. Et, à la place de celles-ci, s'est développé de façon exponentielle, ces dernières décennies, un nouveau type de faune, d'où est né un nouveau rapport à l'animalité : les animaux de compagnie, au travers desquels est vu tout le règne animal. Pour la première fois de l'histoire, les hommes n'ont plus affaire, depuis le milieu du XXe siècle, qu'à des animaux qu'ils élèvent pour qu'ils ne fassent rien, simplement être là, rester sur le canapé du salon et échanger caresses et affection avec leurs maîtres. Les seuls animaux que les urbains des sociétés occidentales connaissent sont donc soit ces gentilles bébêtes qui font partie de leur famille (au centre-ville, parce que, parfois, en banlieue, ce sont des molosses — mais c'est une autre histoire), soit les bêtes-victimes élevées en batterie qu'ils voient à la télévision. Tout cela est bien loin de la réalité animale et de son immense variété. L'animal n'est donc plus, dans l'imaginaire

contemporain, ce qu'il était dans l'imaginaire classique, la bête terrifiante ou l'animal au travail, mais
c'est la victime ou le fétiche. Et le règne de la
nature n'est plus, comme dans les modèles philosophiques anciens, la loi de la jungle (la guerre de
tous contre tous), mais un mythe dysneylandisé et
bio-aseptisé où règne l'harmonie préétablie entre
animaux tout uniment gracieux, un univers qui serait
éternellement pacifique et serein sans l'intervention
de l'unique prédateur, l'Homme. De là le mythe élaboré de toutes pièces par la civilisation industrielle : celui d'une nature paisible (paradis perdu
où les animaux étaient libres), et de l'Homme avec
un grand H, représentant le Mal, bourreau de l'Animal avec un grand A, innocente victime — ce qui
permet de mettre toutes les bêtes dans le même sac
(selon l'habituelle vision anthropomorphiste) : le
chat et la souris, le loup et l'agneau, le chien et la
puce, tous libres (et notamment de s'entredévorer).
Voilà le fantasme qui alimente les idéaux révolu-
tionnaires de la « libération animale ».

Mais cette idéologie est avant tout un symptôme.
Symptôme sans doute de l'écroulement de l'horizon
révolutionnaire lui-même, en tout cas de l'efface-
ment des croyances dans le salut commun, signe de
la montée d'une défiance vis-à-vis de tout idéal de
libération politique ou sociale, d'une perte de con-
fiance dans les projets collectifs d'affranchissement
— le politique n'apparaissant guère plus que comme
le jeu morne des ambitions personnelles ou des
alternances partisanes. Hier, tout était politique.
Aujourd'hui, plus rien n'est politique, tout est éthique. Les concepts politiques forgés pour penser
naguère l'asservissement des hommes sont détour-
nés : on parle de « libération animale », comme on
parlait naguère de libération de certains peuples ou

de certaines classes — alors même qu'il y a toujours autant d'hommes asservis dans le monde, qui eux, le sont réellement ! On parle de l'*exploitation* des animaux, au sens où l'on parlait hier d'exploitation de l'homme par l'homme (qui pourtant n'a pas vraiment diminué). On qualifie même certaines formes d'abattage de « génocide animal », le mot fait frémir, comme si ce n'était pas un moyen de banaliser l'horreur des crimes contre l'humanité. (À vouloir nous sensibiliser au sort de certaines bêtes, on risque de nous insensibiliser aux plus grands drames de l'histoire, si tout est pareil et si les mots n'ont plus de sens.) Non, décidément, ces concepts politiques ne sont pas les bons outils pour penser nos devoirs vis-à-vis des animaux que nous avons placés sous notre garde.

Mais cette nouvelle orthodoxie « animaliste » est aussi le symptôme d'une autre idéologie. L'idée qui s'impose est que la morale ne repose pas sur des lois universelles, ni sur des règles communes ou sur des contrats (implicites ou non), ni sur la réciprocité ou sur la reconnaissance d'autrui comme personne, ni sur des devoirs collectifs à respecter ou sur des vertus à transmettre, mais sur la seule valeur intrinsèque et *individuelle* à accorder à tous les êtres qui pourraient être les *victimes* de notre conduite méchante (jeunes enfants, vieillards séniles, handicapés mentaux, animaux). À cette morale centrée sur la seule idée de victime, correspond la montée irrépressible de la notion de « droits subjectifs » : on ne parle plus de vertus éducatives ou des devoirs des parents, mais des droits de l'enfant ; on ne parle plus d'égalité ou de justice, mais des droits de la femme ; et bien entendu, dans le droit-fil de ces droits, voilà les droits de l'animal. Cette notion, elle aussi importée indûment du domaine politique, repose sur une réinterprétation moraliste de l'idée de droits de l'homme. Les droits de l'homme affirmaient la nécessaire reconnaissance d'un territoire d'indépendance des sujets à l'égard de la toute-puissance des États. Ils supposaient corrélativement l'affirmation de l'égalité fondamentale de tous les hommes et proclamaient par conséquent que toutes les formes de discrimination, raciale, religieuse, sexuelle, etc., devaient être combattues. Mais alors que la discrimination raciale est en effet sans fondement puisque les races n'existent pas, il n'y a pas de sens à parler de discrimination entre espèces : dira-t-on que les loups discriminent les moutons quand ils les mangent ?, cela n'a pas de sens. Et alors qu'il y a un sens à prétendre fonder l'égalité de droits entre les hommes sur leur commune nature, sur quelle identité de nature fonder l'égalité de droits entre animaux ? Sur le fait que ce sont des vivants et que tout vivant aurait *a priori* un « droit à la vie » ? Mais s'il y a un caractère commun aux animaux, c'est qu'ils sont des vivants « hétérotrophes », c'est-à-dire qu'ils se nourrissent de substances organiques, des végétaux ou des animaux. Proclamer qu'ils ont tous un droit à la vie est donc une absurdité, puisque, par définition, un animal ne peut vivre qu'au détriment du vivant. J'aurais beau m'abstenir de manger des espèces vivantes, je n'empêcherais jamais toutes les autres espèces vivantes de le faire, sous peine de leur propre mort. Plus généralement la notion de droits des animaux est contradictoire : si l'on concède au loup le droit de vivre, on le retire à l'agneau ; et si l'on dit que l'agneau a des droits, que fait-on du droit naturel du loup à se nourrir ? Proclamer l'*égalité* des droits des animaux est absurde : si mon chien a le droit de vivre sans puces, la puce n'a pas le droit de cohabiter avec mon chien.

Ajoutons que la notion de droits subjectifs suppose une autorité neutre chargée de les faire respecter ; or les seuls animaux qui peuvent faire respecter ces droits sont les animaux humains qui sont aussi, dit-on, les seuls qui doivent les respecter ! Décidément, on est en pleine confusion. Preuve qu'on n'a jamais intérêt à calquer les normes qui doivent guider nos relations avec les bêtes sur des concepts, comme celui de « libération » ou celui de « droits », forgés pour penser les relations politiques des hommes entre eux.

Un facteur non moins important qui explique cette vague déferlante d'idéologie « animaliste » est le changement de paradigme scientifique et épistémologique dont nous sommes témoins. Dans l'étude de l'homme, nous sommes passés du paradigme des sciences humaines (qui a dominé le XXe siècle) à un paradigme biologique ou plus généralement naturaliste. Les sciences humaines étaient fondées sur l'idée que l'homme avait une spécificité qui l'opposait au reste de la nature — spécificité d'objet qui permettait de justifier la spécificité des méthodes et des concepts de ces sciences : ainsi l'histoire humaine était fondée sur son opposition avec la notion d'évolution naturelle, la psychanalyse sur la spécificité de l'inconscient et du symbolique proprement humain, les sciences sociales sur l'opposition instinct/institution, l'anthropologie culturelle sur l'opposition nature/culture, la linguistique sur l'opposition langage humain/ communication animale. Donc, selon le postulat épistémologique fondateur de ces sciences, l'homme était opposé au reste de la nature, en particulier animale.

L'actuel paradigme dominant est au contraire naturaliste, y compris pour l'étude des phénomènes humains : c'est la conjonction des théories de l'évolutionnisme darwinien, de la biologie moléculaire, des neurosciences, des sciences cognitivistes, etc. Il tend évidemment à nier toute spécificité humaine pour des raisons symétriques aux précédentes. Il s'agit de justifier des méthodes et des concepts eux-mêmes naturalisés dans l'étude des êtres naturels, dont font partie les hommes au même titre que les animaux. Ainsi aux oppositions de jadis (homme/ animal ; nature/culture) s'est substituée une vision unitaire du monde naturel dans lequel l'homme n'est qu'un élément, un vivant adapté à son milieu, fruit de la sélection naturelle, un animal comme les autres. C'est pourquoi certains affirment désormais que ce qu'on proclamait naguère propre à l'homme (la vie politique, la culture, le langage, l'art, le symbolique, les règles morales, etc.) peut être déjà mis au compte de l'animal.

C'est là une vision faussée. Car il est aussi naïf de prétendre que « le langage », par exemple, n'est pas propre à l'homme ou qu'il y a de l'art chez les animaux, qu'il est naïf de prétendre le contraire. Il y a forcément un concept de langage qui englobe toutes les formes de communication animales, et il y a forcément un autre concept de langage qui ne se réfère qu'au langage humain (à sa structure syntaxique, à son pouvoir de créativité infinie, etc.). Et de même pour l'art, pour la culture, pour la vie sociale, pour la morale, pour la pensée, etc., toutes choses que l'on peut toujours « naturaliser » en montrant la communauté de tous les vivants (et on y gagne forcément un plan d'intelligibilité) ou se refuser à le faire pour montrer la spécificité des cultures ou des sociétés humaines (et on y gagne un autre plan d'intelligibilité).

Le problème commence lorsque, s'appuyant sur un *postulat* fondateur des recherches naturalistes (la proposition « il n'y a pas de spécificité humaine »), on prétend le prendre pour une vérité absolue et lui faire jouer un rôle *normatif* : « Puisque l'homme est un animal comme les autres, dit-on, il doit se conduire ou ne pas se conduire de telle et telle manière vis-à-vis des autres animaux. » C'est là un sophisme bien connu — auquel cèdent la plupart des idéologues « animalistes ».

Car la faille la plus profonde de ces raisonnements sur la « libération animale » vient du concept même d'animal, qui n'a guère de sens dans un contexte moral. Le concept d'animal est non seulement beaucoup trop extensif (puisqu'il s'étend du microbe au chimpanzé), mais il est contradictoire. En effet, il doit à la fois *inclure* l'homme, dont on proclame qu'il est « scientifiquement » un animal comme les autres, et *exclure* l'homme, dont on proclame qu'il est « moralement » un animal opposé à tous les autres, étant le seul animal à avoir un comportement *répréhensible* vis-à-vis des autres. Or de deux choses l'une : soit l'homme est un animal comme les autres, et alors on ne voit pas pourquoi il devrait contraindre sa propre nature animale et s'obliger à des règles auxquelles ne s'obligent pas les autres animaux. Soit on reconnaît que l'homme seul *doit* s'abstenir de certaines conduites vis-à-vis des autres animaux.

C'est évidemment cette seconde hypothèse qui est la bonne. Mais alors il faut admettre la coupure homme / animal et concéder que c'est là le propre de l'homme. Quel est en effet le propre de l'homme, si l'on veut exclure toutes les propriétés naturelles (à ce titre il est un animal) mais aussi toutes les propriétés culturelles (dont on prétend qu'elles se trouvent déjà, en germe, chez certaines espèces animales) ? C'est la morale justement. L'homme n'est pas un animal comme les autres parce qu'il est le seul animal moral, au sens fort du terme, c'est-à-dire le seul à pouvoir régler ses conduites sur des normes et des valeurs, à pouvoir se plier à des devoirs, c'est-à-dire à non seulement désirer, mais à pouvoir *vouloir* désirer ou ne pas désirer ce qu'il désire. Il doit donc d'abord se reconnaître des devoirs vis-à-vis de tout autre homme qui comme lui peut se plier à des devoirs et accepter des règles de réciprocité ; mais il peut aussi se reconnaître des devoirs (non réciproques) vis-à-vis de certains animaux qui, eux, n'ont aucun droit par nature pas plus qu'ils n'ont de devoirs.

Alors que conclure ? C'est simple, il suffit de reprendre tous nos fils successifs.

Il faut d'abord se débarrasser des concepts politiques qui ne font que brouiller les pistes : libération, exploitation, droits, etc. Il faut admettre que les animaux n'ont pas de droits mais cela ne signifie pas que nous n'ayons pas de devoirs à leur égard. Il faut ensuite se garder du raisonnement qui prétend que l'homme est un animal comme les autres : ce serait accepter qu'il se conduise comme une bête ou prétendre qu'il n'a pas à normer sa conduite vis-à-vis des bêtes. Il faut au contraire affirmer qu'il y a une coupure entre l'homme et l'animal puisque l'homme est un être moral. Il faut enfin se garder de mettre tous les animaux dans le même sac. Ce pseudo-concept d'animal ne mène qu'à des impasses.

Ainsi, nous ne pouvons pas avoir les mêmes devoirs vis-à-vis de nos chiens et de leurs puces, vis-à-vis de nos moutons et vis-à-vis de tous les mammifères qui peuplent les forêts, les montagnes et les rivières du monde. On ne peut pas formuler une seule règle de conduite que nous puissions appliquer indistinctement à tous ces animaux. Et on ne peut pas mettre sur le même plan la douleur (peut-être considérable) du goujon pêché, qui peut bien mourir mangé par plus gros que lui, par exemple par le brave pêcheur du dimanche, et celle du chien battu à mort par son maître qui lui devait protection et affection. Ce qu'il convient de faire, c'est de partir de ce que sont nos relations avec certaines bêtes pour en déterminer les devoirs différenciés et hiérarchisés que nous pouvons avoir vis-à-vis de certaines espèces, ou vis-à-vis de certains individus, ceux avec qui nous avons noué des rapports d'affection réciproque ou des relations de dépendance mutuelle.

Pour faire vite, nous dirons donc ceci. Il y a en principe une division *morale* tripartite des bêtes. Il y a les animaux de compagnie auxquels nous lient des relations affectives individualisées. Ils nous donnent leur affection en échange de la nôtre. Il est donc immoral de la trahir, par exemple en se débarrassant de son chien sur une aire d'autoroute et en le privant ainsi de sa relation à son maître. Autrement dit, il est immoral de vouloir le libérer ! Il y a ensuite les animaux domestiques, que nous élevons pour leur viande, leur lait, leur laine ou leur travail, et auxquels nous lient une sorte de contrat d'échange et des relations individualisables. Ils nous donnent leurs produits en échange de leur pâture et de notre protection. Il peut donc être moral de les tuer puisqu'ils ne vivent souvent que pour cela. Mais il est immoral de les priver de conditions décentes de vie ou d'abattage. Et il est tout aussi immoral de vouloir les libérer : ils dépendent de nous comme nous dépendons d'eux. Il y a enfin les animaux sauvages auxquels ne nous lie aucune relation individualisable, ni affective ni vitale, mais seulement un rapport à l'espèce. Il est donc moral, dans le respect des écosystèmes et éventuellement de la biodiversité, de lutter contre les espèces nuisibles ou de protéger certaines espèces menacées. Il est certes immoral de faire souffrir par plaisir un animal sauvage, mais la pêche ou la chasse n'est pas plus immorale pratiquée par l'homme que par les bêtes entre elles, dès lors que l'homme, lui, s'astreint en outre au respect des équilibres écologiques entre espèces naturelles. Il serait évidemment absurde de vouloir libérer les animaux sauvages. Non pas parce qu'ils sont déjà « libres » (ce qui n'a sans doute aucun sens dans la nature), mais parce qu'ils sont de toute façon asservis aux lois de la nature et aux comportements de tous leurs prédateurs autres que l'homme.

Certes, cette division tripartite est très réductrice et on pourrait la nuancer à l'infini. Toujours est-il que nous n'avons pas les mêmes devoirs d'assistance vis-à-vis des animaux sauvages et vis-à-vis de ceux qui vivent sous notre garde. Toujours est-il, surtout, que nous n'avons de devoir de « libération » ni vis-à-vis des uns ni vis-à-vis des autres. Il est donc aussi absurde qu'immoral de vouloir libérer les animaux quels qu'ils soient.

FRANCIS WOLFF

CHAPITRE IX

L'historien face à l'animal : l'exemple du Moyen Âge

Longtemps les historiens ne se sont guère préoccupés de l'animal. Ils ont abandonné celui-ci à la « petite histoire », comme ils avaient l'habitude de le faire pour tous les sujets qui leur semblaient futiles, anecdotiques ou marginaux. Seuls quelques philologues et quelques historiens des religions s'étaient intéressés à tel ou tel dossier spécifique au sein duquel un animal pouvait être concerné. Mais lui consacrer une véritable thèse ou un livre savant était proprement impensable. Je me souviens des difficultés que j'ai rencontrées à la fin des années 1960, à l'École des chartes, pour faire admettre un sujet de thèse portant sur le bestiaire héraldique médiéval. Non seulement un tel sujet était dangereux parce qu'il s'articulait autour d'une discipline jugée rétrograde, voire réactionnaire, l'héraldique, mais en outre il était puéril puisqu'il portait sur les animaux, c'est-à-dire sur des acteurs qui n'avaient rien à faire sur le devant de la scène historique.

Depuis cette date, la situation a heureusement changé. Grâce aux travaux de quelques historiens pionniers, au premier rang desquels il faut citer Robert Delort[1], et grâce à la collaboration de plus en plus fréquente avec des chercheurs venus

d'autres horizons (zoologues, anthropologues, eth-
nologues, linguistes), l'animal est devenu un objet
d'histoire à part entière. Son étude se situe même
désormais à la pointe de la recherche et au carre-
four de plusieurs disciplines. Elle ne peut être que
« transdisciplinaire », un adjectif aujourd'hui un peu
galvaudé en raison de l'usage abusif que l'on en a
fait, mais un adjectif qui qualifie parfaitement les
recherches que doit conduire tout historien s'intéressant à l'animal.

Envisagé dans ses rapports avec l'être humain,
l'animal touche en effet à tous les grands dossiers
de l'histoire sociale, économique, matérielle, culturelle, religieuse et symbolique. Il est présent partout, à toutes époques, en toutes circonstances, et
partout il pose à l'historien des questions nombreuses et complexes.

Une communauté des êtres vivants

Dans cette attention nouvelle portée par les historiens au monde animal les médiévistes ont sans
doute joué le rôle principal. À cela plusieurs raisons. La première tient peut-être à leur curiosité
sans limites et à la façon dont ils ont su précoce-
ment faire tomber les barrières entre des secteurs
de la recherche par trop cloisonnés. Cela a permis
de croiser des informations tirées de catégories
documentaires très différentes, d'enrichir les problématiques et de nouer des contacts avec des spécialistes venus des autres sciences, sociales ou
naturelles. Mais la raison première s'en trouve également dans les documents médiévaux eux-mêmes :
ceux-ci sont particulièrement bavards sur l'animal
et sur ses relations avec les hommes, les femmes et

la société. Textes et images, bien sûr, mais aussi
matériaux archéologiques, rituels et codes sociaux,
sceaux et armoiries, toponymie et anthroponymie,
folklore, proverbes, chansons, jurons : quel que soit
le terrain documentaire sur lequel il s'aventure,
l'historien médiéviste ne peut pas ne pas rencontrer
l'animal. Il semble bien qu'en Occident, aucune
autre époque ne l'ait aussi fréquemment et intensi-
vement pensé, raconté et mis en scène. Les animaux abondent jusque dans les églises, où ils
constituent une bonne part du décor et de l'horizon
figuré — peint ou sculpté — que les prêtres, les
moines et les fidèles ont quotidiennement sous les
yeux. Au grand scandale de certains prélats qui, tel
saint Bernard au XIIᵉ siècle, s'emportent contre « les
lions féroces, les singes immondes, les tigres tache-
tés, les montres hybrides, les centaures étranges, les
poissons à corps de quadrupèdes, les animaux che-
vauchant des hommes ou d'autres animaux... » qui
peuplent le temple divin[2].

Le Moyen Âge s'étendant sur près d'un millé-
naire, il faut évidemment sérier les enjeux, périodi-
ser les problèmes et distinguer des attitudes qui, au
fil des siècles, ne sont nullement immobiles. Mais il
faut souligner aussi combien la culture médiévale
chrétienne est curieuse de l'animal et comment
s'expriment à son sujet deux courants de pensée et
de sensibilité apparemment contradictoires. D'une
part il lui faut opposer le plus nettement possible
l'homme qui a été créé à l'image de Dieu, et la créature animale, soumise et imparfaite, sinon impure.
Mais de l'autre il existe chez quelques auteurs chré-
tiens le sentiment, plus ou moins diffus, d'une véritable communauté des êtres vivants et d'une
parenté — pas seulement biologique — entre l'homme
et l'animal.

Le premier courant est dominant et explique pourquoi l'animal est si souvent sollicité ou mis en scène. Opposer systématiquement l'homme à l'animal et faire de ce dernier une créature inférieure ou un repoussoir conduit, par la force des choses, à en parler constamment, à le faire intervenir à tout propos, à en faire le lieu privilégié de toutes les métaphores et de toutes les comparaisons. Bref, à le « penser symboliquement », pour reprendre la formule célèbre d'un anthropologue[3]. Il conduit également à réprimer sévèrement tout comportement qui pourrait entretenir la confusion entre l'être humain et l'espèce animale. D'où, par exemple, les interdictions, sans cesse répétées — car sans effets véritables — de se déguiser en animal, d'imiter le comportement animal, de fêter ou célébrer l'animal et, plus encore, d'entretenir avec lui des relations coupables, depuis l'affection excessive portée à certains individus domestiques jusqu'aux crimes les plus infâmes tels ceux de sorcellerie ou de bestialité.

Le second courant est plus discret mais tout aussi important. Il est issu à la fois d'Aristote et de saint Paul. D'Aristote, en effet, vient cette idée d'une communauté des êtres vivants, idée dispersée dans plusieurs de ses œuvres, réaffirmée dans le *De anima*, et dont le Moyen Âge a hérité en plusieurs étapes, la dernière — le XIIIe siècle — étant la plus importante[4]. Toutefois, en ce domaine, l'assimilation de l'héritage aristotélicien a été facilitée par l'existence au sein même de la tradition chrétienne d'une attitude envers le monde animal qui, pour des raisons différentes, allait dans le même sens. Cette attitude, dont l'exemple le plus célèbre se trouve chez François d'Assise, tient son origine dans plusieurs versets de saint Paul, particulièrement dans un passage de l'Épître aux Romains : « La créature elle aussi sera libérée de la servitude et entrera librement dans la gloire des enfants de Dieu » (Rm. 8. 21).

L'âme des bêtes

Cette phrase a fortement marqué les théologiens qui l'ont commentée. Les uns s'interrogent sur le sens de ces paroles : ils se demandent si le Christ est vraiment venu sauver *toutes* les créatures et si *tous* les animaux sont vraiment « enfants de Dieu ». Que Jésus soit né dans une étable semble à certains auteurs la preuve que le Sauveur est descendu sur terre pour sauver *aussi* les animaux. D'autres théologiens, épris de scolastique, se posent des questions qui sont débattues à l'université de Paris au milieu du XIIIe siècle. Ainsi, à propos de la vie future des animaux : ressuscitent-ils après la mort ? vont-ils au ciel ? dans un lieu qui leur est spécialement réservé ? tous les animaux ou bien un seul individu de chaque espèce ? Ou bien à propos de leur vie terrestre : peuvent-ils travailler le dimanche ? faut-il leur imposer des jours de jeûne ? et, surtout, faut-il les traiter ici-bas comme des êtres moralement responsables ?

Plusieurs philosophes, à la suite d'Aristote, remarquent que les animaux rêvent, reconnaissent, déduisent, se souviennent, peuvent acquérir des habitudes nouvelles. La question reste cependant de savoir si ces animaux supérieurs possèdent en plus, comme l'homme, un principe spirituel. Thomas d'Aquin le nie absolument[5]. Avant lui, son maître Albert le Grand soulignait que, pour les animaux, les signes restent toujours des signaux et ne devenaient jamais des symboles[6]. Deux différences essentielles qui semblent établir une frontière imperméable entre l'homme et l'animal. Ce dernier ne perçoit pas l'immatériel. C'est pourquoi toute notion abstraite, toute idée religieuse lui est interdite.

Les pièges de l'anachronisme

Certaines questions évoquées plus haut nous font aujourd'hui sourire : est-il licite de faire travailler les animaux le dimanche ? faut-il leur imposer des jours de jeûne ? vont-ils en enfer ou au paradis ? Nous avons tort. Ces questions, ces curiosités, ces interrogations que le Moyen Âge occidental se pose à propos de l'animal, soulignent au contraire comment le christianisme a été pour l'animal l'occasion d'une remarquable promotion. L'Antiquité biblique et gréco-romaine le négligeait ou le méprisait ; le Moyen Âge chrétien le place sur le devant de la scène.

En ces domaines, le plus grand piège qui attend l'historien presque à chaque coin de document est celui de l'anachronisme. Nous ne pouvons pas, nous ne devons pas projeter telles quelles dans le passé nos connaissances, nos définitions, nos classifications, nos sensibilités d'aujourd'hui. Ce n'étaient pas celles d'hier et ce ne seront sans doute plus celles de demain. Nos savoirs actuels ne sont nullement des vérités absolues et définitives mais seulement des étapes dans l'histoire mouvante des savoirs. Faute de l'admettre, le chercheur verserait dans un scientisme réducteur et dans un positivisme incompatible avec la recherche historique.

C'est pourtant dans ce piège de l'anachronisme que sont tombés plusieurs historiens de la zoologie.

Refusant d'étudier le discours zoologique médiéval à la lumière de la culture médiévale elle-même, voire de la culture antique, ils l'ont comparé au discours de la science contemporaine. Cela les a conduits soit à se gausser des assertions ou des croyances de tel ou tel auteur, soit à écrire des phrases comme celles-ci, choisies dans une histoire de la zoologie très souvent citée et due à deux historiens des sciences réputés :

> Le Moyen Âge est une période stérile et décadente, en particulier au point de vue scientifique. Pour ce qui concerne la zoologie, il retient la plupart des fables absurdes de l'Antiquité, en invente d'autres et ne sait aucunement se livrer à des observations positives [...]. Les balivernes que l'on rencontre dans les bestiaires montrent bien la crédulité de ceux qui les écrivaient, les lisaient ou les propageaient [...]. Nous n'insisterons pas sur cette littérature qui relève davantage du folklore que de la Science[7].

On aimerait savoir ce que sont des « observations positives » et ce qu'il faut entendre par « balivernes »... Le Moyen Âge sait très bien observer les êtres et les choses, mais pour lui l'exact et le vrai ne se situent pas sur le même plan, et ce n'est pas en observant que l'on accède à la vérité. De tels propos montrent en tout cas que leurs auteurs n'ont pas compris ce qu'était l'Histoire. Le passé, notamment le passé lointain, ne peut se comprendre — et encore moins se juger — par rapport aux sensibilités, aux valeurs et aux savoirs du temps présent. En ce domaine, le « scientifiquement correct » est non seulement condamnable mais aussi source de nombreuses erreurs, confusions ou absurdités. Contrairement à ce que semblent penser nos deux auteurs, les sciences naturelles ou biologiques ne peuvent ni ne doivent imposer leurs certitudes aux sciences humaines. Au reste, qu'est-ce au juste que l'histoire naturelle sinon une forme d'histoire culturelle d'un type particulier ?

L'imaginaire est une réalité

Étudier le discours zoologique médiéval à la lumière des savoirs et des classifications de la zoologie moderne n'a guère de sens. Prenons pour exemple le concept de « mammifères », inconnu des auteurs du Moyen Âge (il ne se formulera clairement qu'au XVIIIᵉ siècle), et le cas particulier du dauphin. Si l'on étudie les animaux médiévaux en distinguant les mammifères des non-mammifères, cela conduit à sortir le dauphin de la catégorie des poissons — où le rangent pourtant tous les bestiaires et toutes les encyclopédies du Moyen Âge — pour le placer dans celle — inconnue — des « cétacés ou mammifères marins[8] ». Par là même, le dauphin cesse d'être le roi des poissons — ce qu'il est presque toujours dans les documents médiévaux. En procédant ainsi, non seulement on mutile ou on trahit toute la pensée médiévale relative au monde des poissons, mais aussi on ne comprend plus pourquoi dans les images le dauphin est souvent doté d'une couronne !

Une semblable dérive anachronique se retrouve dans les travaux qui se proposent de reconnaître des espèces animales, aujourd'hui nommées et classées avec précision, sous des espèces hybrides ou indéfinissables mises en scène par les textes ou par les images que le Moyen Âge nous a transmis. Certains zoologues croient même déceler le souvenir d'animaux préhistoriques, disparus depuis plusieurs dizaines de millénaires, dans tel ou tel monstre présent dans la sculpture romane ou dans l'enluminure gothique. D'autres s'efforcent scrupuleusement de distinguer les « vérités » des « erreurs » dans les bestiaires et la littérature zoologique qui en est issue. Certains s'acharnent à dénoncer la confusion entre lièvres et lapins dans les marges des manuscrits du Moyen Âge finissant, ou bien s'étonnent que le léopard médiéval n'ait guère de rapport avec le félin qu'ils connaissent sous ce nom, ou encore se scandalisent que la chauve-souris appartienne à la fois au monde des rats et à celui des oiseaux.

Pourquoi les historiens des sciences, qui en général évitent de juger les savoirs du passé à l'aune des savoirs du présent, tombent-ils dans ce piège dès qu'il s'agit des animaux ? Pourquoi laissent-ils de côté le relativisme culturel, nécessaire à toute enquête historique ? Pourquoi refusent-ils d'admettre que dans les sociétés médiévales, comme du reste dans toute société, on ne peut pas opposer brutalement l'imaginaire et la réalité. L'imaginaire est une réalité ! Un sociologue ou un ethnologue qui étudierait tous les aspects d'une société donnée mais qui laisserait de côté ce qui concerne son imaginaire, ses croyances, ses rêves ou ses systèmes de valeurs, sous prétexte que cela n'est ni objectif ni réel et donc ne peut pas donner lieu à des observations « positives » (pour reprendre l'expression citée plus haut), mutilerait totalement ses enquêtes et ne comprendrait rien à cette société. Tout le monde l'admettra. Or il en va exactement de même des sociétés médiévales. Au Moyen Âge aussi, l'imaginaire fait partie de la réalité, et bien des catégories d'opposition qui aujourd'hui, pour nous, définissent et classent le monde animal n'y ont guère de pertinence : indigène/exotique ; domestique/sauvage ; réel/

chimérique. Le lion, par exemple, n'est pas dans l'Occident médiéval un animal exotique mais un animal faisant partie de l'horizon quotidien : on le rencontre en abondance, peint ou sculpté, dans toutes les églises. De même, le merle, la pie, le corbeau, la souris et même le renard ou la belette sont considérés comme des animaux « domestiques » parce qu'ils vivent autour de la maison (*domus*). Quant au dragon, ce n'est nullement une créature chimérique mais un être bien réel qui, comme le lion, se voit et se redoute au quotidien. Pour les hommes et les femmes du Moyen Âge, les discours et les peurs qui l'accompagnent ne sont en rien des « balivernes ».

Les procès faits aux animaux

Dans ce piège de l'anachronisme sont également tombés la plupart des auteurs s'étant intéressés aux procès intentés aux animaux entre le XIIIe et le XVIIe siècle. Ils ont projeté dans le passé, sans précaution aucune, nos sensibilités et nos systèmes de valeurs d'aujourd'hui. Ce faisant, ils ont abandonné l'étude de ces procès à la « petite histoire », souvent à des publications destinées à un public friand d'anecdotes tournant en dérision les mœurs et des croyances des sociétés anciennes. Attitude parfaitement anachronique, qui montre que l'on n'a rien compris à ce qu'était l'Histoire, mais attitude que l'on retrouve encore, hélas ! chez quelques historiens[9].

À dire vrai, travailler sur un tel sujet n'est pas un exercice aisé. Les comptes rendus de ces procès sont souvent réduits à l'état de miettes, dispersées dans différents fonds d'archives. Plusieurs juristes des XVIe et XVIIe siècles ont heureusement quelque peu défriché le terrain : s'interrogeant sur la légitimité et sur l'efficacité de tels procès, ils ont constitué des recueils de jurisprudence qui, malgré leur caractère lacunaire, peuvent servir de point de départ à nos enquêtes. Quelques affaires sont exceptionnellement bien documentées. Ainsi celle de la truie de Falaise, en Normandie.

Dans cette petite ville, au début de l'année 1386, une truie, âgée d'environ trois ans, revêtue de vêtements d'homme, fut traînée par une jument depuis la place du château jusqu'au faubourg de Guibray, où l'on avait installé un échafaud sur le champ de foire. Là, devant une foule hétérogène, composée du vicomte de Falaise — c'est-à-dire le juge royal — et de ses gens, d'habitants de la ville, de paysans venus de la campagne alentour et d'un grand nombre de cochons, le bourreau mutila la truie en lui coupant le groin et lui tailladant la cuisse. Puis, après l'avoir affublée d'une sorte de masque à figure humaine, il la pendit par les jarrets arrière à une fourche de bois et l'abandonna dans cette position jusqu'à ce que la mort survienne. Ce qui arriva rapidement. Mais le spectacle ne prit pas fin pour autant. La jument fut rappelée et le cadavre de la truie, après un simulacre d'étranglement, fut attaché sur une claie afin que le rituel infamant du traînage pût recommencer. Finalement, après plusieurs tours de place, les restes plus ou moins disloqués de l'animal furent placés sur un bûcher et brûlés. Nous ignorons ce que l'on fit de ses cendres, mais nous savons que, à la demande du vicomte de Falaise, une grande peinture murale fut exécutée dans l'église de la Sainte-Trinité afin de conserver la mémoire de cet événement. On pouvait l'y voir encore au début du XIXe siècle[10].

Ce sont souvent des documents comptables qui, dans les archives judiciaires, mettent le chercheur sur la piste de tels procès. Car en attendant d'être jugé, l'animal est emprisonné : il faut donc le nourrir, payer son geolier, éventuellement le propriétaire du local. Cela peut durer de une à trois semaines. De même, il faut payer le bourreau, ses assistants et les charpentiers qui ont installé l'échafaud. Toutes ces sommes sont soigneusement consignées. Pour la truie de Falaise, par exemple, nous savons par une quittance que le bourreau de la ville reçut dix sous et dix deniers tournois pour sa peine, puis de nouveau dix sous pour s'acheter une paire de gants neufs. Et nous savons bien d'autres choses encore : les noms de tous les protagonistes, notamment celui du vicomte, Regnaud Rigault, qui ordonna la sentence et présida l'exécution. C'est lui qui eut l'étonnante idée d'inviter les paysans à venir y assister accompagnés de leurs pourceaux afin que le spectacle de la truie suppliciée « leur serve de leçon ». Cette truie avait renversé un enfant d'environ trois mois laissé sans surveillance dans son berceau. Elle avait commencé à lui manger le visage et le bras (d'où les mutilations qu'on lui fit subir aux mêmes endroits) « tel qu'il en mourust ». Le procès dura neuf jours. L'animal fut défendu par un procureur. Le vicomte exigea que le supplice ait lieu en présence du propriétaire de l'animal « pour lui faire honte » et du père du nourrisson « pour punition de n'avoir pas fait veiller sur son enfant ». De telles dispositions ne sont pas rares dans les procès de ce genre. Le propriétaire de l'animal, notamment, n'est jamais responsable pénalement. Quelquefois on lui demande d'accomplir un pèlerinage, mais en général la perte de son porc ou de son taureau apparaît comme une peine suffisante. Ce n'est pas l'homme qui est coupable mais la bête. Vieille idée que l'on rencontre déjà dans la jurisprudence antique et qui est expressément formulée par la Bible (Ex 21. 28).

Le porc, l'animal le plus semblable à l'homme

Inconnus avant le milieu du XIIIᵉ siècle, ces procès se multiplient pendant les trois siècles suivants. L'Église est alors devenue un gigantesque tribunal (création de l'officialité, institution de l'Inquisition et de la procédure par enquête), et c'est peut-être ce qui explique la diffusion de ces procès. Pour le royaume de France, une centaine de cas ont pu être repérés entre 1266 et 1586. Mais la France n'a nullement le monopole de telles affaires. Elles concernent tout l'Occident, notamment les pays alpins où ces procès — comme ceux de sorcellerie — semblent plus fréquents qu'ailleurs. Souhaitons que des travaux à venir nous les fassent mieux connaître.

Car il y a procès et procès. Tantôt on juge des porcs ou des bovins, tantôt ce sont des chenilles ou des mulots ; tantôt c'est l'autorité laïque qui intervient, tantôt, au contraire, ce sont les tribunaux ecclésiastiques qui sont concernés. En fait, les différents procès peuvent être regroupés en trois catégories. Tout d'abord ceux qui sont intentés à des animaux domestiques (porcs, bovins, chevaux, ânes, chiens) pris individuellement. Ce sont des procès criminels ; l'autorité ecclésiastique n'intervient pas, sinon exceptionnellement. Ensuite des procès intentés à des groupes d'animaux de même espèce : gros mammifères sauvages (sangliers, loups) qui dévastent un terroir ou menacent les populations ; ou bien, plus fréquemment, animaux de petite taille (rongeurs, insectes, vermine) qui détruisent les récoltes.

Ce sont des fléaux. Les premiers sont pourchassés par des battues qu'organisent les autorités laïques ; les seconds nécessitent l'intervention de l'Église, qui a recours à l'exorcisme et à l'anathème. À cette occasion, on rappelle comment Dieu a maudit le serpent au début de la Genèse. Enfin les procès qui mettent en scène des animaux impliqués dans des crimes de bestialité. Ils sont mal documentés et tout ce qui s'est écrit à leur sujet relève d'une histoire fort peu scientifique. En outre, les accusations de bestialité sont sujettes à caution et entraînent parfois le chercheur dans des affaires fort troubles où il est bien difficile, à plusieurs siècles de distance, de séparer le vrai du faux.

Les premiers procès sont les plus nombreux et portent sur de gros animaux domestiques qui, individuellement, ont commis des délits ou des crimes. Les délits sont divers : dévastation d'un jardin, pillage d'une boutique, vol de nourriture, refus de travailler, agressions, rébellions. Ils sont en général jugés au civil. Quelquefois, les archives du procès ne précisent que très vaguement la faute reprochée à l'animal. Ainsi à Gisors, en 1405, un bœuf est pendu pour ses seuls « *desmerites* ».

Plus graves sont les procès d'animaux accusés d'homicide ou d'infanticide. Ils sont jugés au criminel et conduisent au tribunal tout un cortège de vaches, de taureaux, de juments, de chiens et surtout de cochons. En France et dans les pays germaniques, du XIVe au XVIe siècle, l'intervention de la justice se déroule presque toujours selon le même rituel : l'animal est capturé vivant et incarcéré dans la prison appartenant au siège de la justice criminelle du lieu. Cette dernière dresse le procès-verbal, conduit une enquête et met l'animal en accusation ; le juge entend les témoins, confronte les informations et rend sa sentence, qui est signifiée à l'animal dans sa cellule. Cette sentence marque la fin du rôle de la justice : l'animal appartient désormais à la force publique, chargée d'appliquer la peine.

Lorsque l'animal coupable n'a pu être identifié ou capturé, il arrive que l'on s'empare arbitrairement d'un congénère, qui est alors emprisonné, jugé et condamné à sa place. Mais il n'est pas exécuté. Généralement, on supplicie un mannequin à son image. Le plus ancien exemple français connu date de 1332 : le propriétaire d'un cheval qui avait causé un accident ayant entraîné mort d'homme dut fournir à la justice, à la place du cheval coupable mais insaisissable, « une figure de cheval » qui fut traînée et pendue selon le rituel habituel[11].

La vedette de ce bestiaire judiciaire n'est cependant pas le cheval mais bien le porc. Dans neuf cas sur dix, c'est lui qui est présent au tribunal. À cela différentes raisons dont la première est la loi du nombre : les porcs abondent et vagabondent. En ville, notamment, où ils jouent le rôle d'éboueurs, on les rencontre sur toutes les places, dans toutes les rues, dans tous les jardins et jusque dans les cimetières (où ils cherchent à déterrer les cadavres). Malgré les interdictions des autorités municipales, maintes et maintes fois répétées dans la plupart des villes européennes du XIIe au XVIIIe siècle, la divagation des porcs fait partie de la vie quotidienne, et les accidents qu'ils occasionnent sont partout plus nombreux que ceux causés par d'autres animaux.

Cependant, il est peut-être une autre raison qui explique la présence du porc au tribunal : sa parenté avec l'homme. Pour les sociétés médiévales, en effet, l'animal le plus proche de l'homme n'est pas l'ours (malgré son aspect extérieur et ses pratiques d'accouplement supposées être semblables à celles de l'homme), encore moins le singe (figure du diable), mais bien le cochon. La médecine ne s'y trompe pas qui, de l'Antiquité grecque jusqu'en plein XVIIᵉ siècle, étudie l'anatomie du corps humain à partir de la dissection du porc, avec l'idée que l'organisation interne de ces deux êtres vivants est voisine (ce que confirme pleinement la médecine contemporaine). En outre, dans l'Europe chrétienne, de telles pratiques permettent de contourner les interdits de l'Église, qui condamne la dissection du corps humain[12].

Des entrailles du corps à celles de l'âme, il n'y a qu'un pas. Certains auteurs sont tentés de le franchir, ou du moins se demandent si la parenté anatomique ne s'accompagne pas d'une parenté d'une autre nature. Le porc est-il, comme l'homme, responsable de ses actes ? Est-il capable de comprendre ce qu'est le bien et ce qu'est le mal ? Et, au-delà du cas exemplaire du porc, peut-on considérer les animaux comme des êtres moraux et perfectibles ? Telle est en effet la grande question à laquelle renvoient la plupart de ces procès.

MICHEL PASTOUREAU

CHAPITRE X

Jean Bruller-Vercors :
la rébellion comme spécificité humaine

> « Tous nos malheurs proviennent de ce
> que les hommes ne savent pas ce qu'ils
> sont, et ne s'accordent pas sur ce qu'ils
> veulent être. »
>
> *Les Animaux dénaturés*, 1952

Vercors est essentiellement connu comme l'auteur du célèbre *Silence de la mer*, récit publié sous le boisseau en 1942 grâce aux Éditions de Minuit, maison d'édition clandestine qu'il fonda avec son ami Pierre de Lescure. Le succès de ce récit symbole de la Résistance intellectuelle a éclipsé sa première carrière de dessinateur-graveur qu'il mena dans l'entre-deux-guerres sous son patronyme, Jean Bruller (1902-1991). Il a également fait oublier que la question de la spécificité de l'homme par rapport à l'animal fut le thème central de l'ensemble de l'œuvre de Vercors. Sa réflexion sur l'homme qui nourrissait son œuvre graphique devint une préoccupation encore plus pressante après l'expérience de la Seconde Guerre mondiale.

Vercors déclara à plusieurs reprises que si un seul de ses récits devait passer à la postérité, il souhaitait que ce soit, non comme on pourrait l'imaginer *Le Silence de la mer*, mais *Les Animaux dénaturés* : « Parmi mes romans, je préférerais que me survive *Les Animaux dénaturés*[1] ». Vercors considérait ce récit comme un ouvrage tellement fondamental qu'il en proposa une adaptation théâtrale, *Zoo ou l'assassin philanthrope*, comédie représentée une première fois au TNP de Georges Wilson en 1964, puis reprise en 1975 au Théâtre de la Ville de Jean Mercure. À cet acteur et metteur en scène, il écrivait en 1967 :

> Avec *Le Silence de la mer*, toujours en tête du Livre de poche depuis vingt-cinq ans, mon nom survivra sans doute quelque temps. Mais dans le fond, je me moque qu'il survive ou non. Ce qui m'importe, c'est que certaines idées qui peuvent influencer celles que les hommes se font d'eux-mêmes ne meurent pas avec moi.
>
> [...] je pense à divers sujets qui pourraient donner lieu, plus tard, à une création. Mais aucun ne me tient à cœur autant que *Zoo*, où j'ai mis l'essentiel de ce que je désire transmettre aux autres hommes[2].

À propos de la reprise de sa pièce en 1975, Vercors affirma à son ami le biologiste Ernest Kahane :

> Le Théâtre de la Ville va redonner *Zoo* en novembre. Que, vingt ans après *Les Animaux dénaturés*, il n'ait pas été nécessaire de changer un mot, une seule idée, est quand même bon signe quant à la persistance du problème, à son actualité obstinée... Finira-t-on un jour par l'admettre[3] ?

La recherche de la spécificité humaine par rapport à l'animal fut donc un sujet de prédilection pour Vercors. Elle alimenta son art. *Les Animaux dénaturés* et *Zoo ou l'assassin philanthrope* constituent, avec d'autres fictions, une mise en pratique imaginaire de ses essais, tous orientés vers une définition objective de l'homme, afin ensuite — espérait l'écrivain sans avoir eu la possibilité de le réaliser — d'élaborer une éthique rationaliste humaniste.

DE L'HUMORISTE AMER
À L'ÉCRIVAIN ENGAGÉ EN QUÊTE
D'UNE DÉFINITION OBJECTIVE
DE L'HOMME

Pour cerner le parcours de Jean Bruller-Vercors, il convient d'examiner les étapes clés l'ayant amené à s'interroger sur la spécificité humaine.

Dessinateur dans les années 1920 et 1930, Jean Bruller scrutait les hommes avec grande attention. Ses albums, souvent agrémentés d'un texte de son invention, dévoilent son pessimisme. Ainsi, dans son deuxième album *Hypothèses sur les amateurs de peinture* (1927), Jean Bruller faisait dire à son personnage :

> Notre nature est bien compliquée [...]. Elle est constituée de l'extraordinaire assemblage des vices et des qualités qu'ont pu posséder l'immense suite de gens et peut-être d'animaux dont nous sommes, en fait, l'aboutissement.

Sa perception négative de la nature humaine forme la trame de *La Danse des vivants*[4], son grand œuvre de la maturité publié sous forme de *Relevés trimestriels* entre 1932 et 1938. Plusieurs planches de cet album comme « Méfiance », « Un homme » et « L'ombre » l'attestent pleinement. Les querelles des hommes, leur méfiance mutuelle les plongent dans une profonde solitude. Pourtant quand on observe toute cette « Mutinerie à bord », autre estampe significative de cette *Danse des vivants*, on s'aperçoit que les passions humaines sont bien dérisoires. La perspective adoptée dans ce dernier dessin rend ces êtres faibles et misérables, ces condamnés à mort en sursis, insignifiants à l'échelle de l'Univers. Dans ce monde absurde où rien n'a de raison d'être, Jean Bruller dit préférer se mêler le moins possible aux agitations stériles des hommes, sans toutefois y être réellement parvenu :

> Il y avait déjà cette contradiction en moi : j'étais absolument désespéré intérieurement, et en même temps, je me passionnais de la vie[5].

L'engagement dans la résistance, le combat contre le nazisme démentirent catégoriquement ses conceptions des années 1930. L'Histoire mit Vercors face à ses contradictions, contradictions que le dessinateur percevait déjà, mais sans trouver de réponses. Vercors raconta ce renversement radical dans *Le Démenti*, un récit à caractère autobiographique édité en 1947[6].

L'expérience de la guerre, la découverte des camps de la mort lui firent comprendre que sa vision de l'homme restait intuitive, qu'elle ne reposait sur aucun critère objectif. En outre, Vercors se rendit compte qu'aucune définition universelle de l'homme n'existait. Or, les classements prétendument scientifiques des nazis avaient permis de justifier le génocide de peuples considérés comme « inférieurs ». Il sembla donc impératif à Vercors de chercher cette définition par l'exercice de la raison.

Cette quête dura cinq ans, car elle se fit par paliers successifs : « Morte la bête, mais non mort le venin [du nazisme][7]. » Aussi la mise en place d'une éthique rationnelle s'inscrivait-elle dans l'urgence. Dès avril 1945 Vercors lança le premier Cahier de *Chroniques de Minuit* dont le préambule avait une forte valeur programmatique : « Il s'agit peut-être de dégager, du "brouillamini d'erreurs et de violences" qui a failli coûter la vie à notre civilisation, une *éthique* (sociale, politique) — une méthode de pensée — qui soit celle de notre destin. » Les volumes de *Chroniques de Minuit* se déclinèrent en trois cahiers sur une courte période, entre 1945 et 1946. Ce projet stoppa rapidement, quand Vercors s'aperçut que la recherche d'une éthique n'était possible et fructueuse qu'à partir du moment où une définition de l'humain précédait. Vercors perçut cette faille dans sa démarche et rectifia la méthode.

En 1946, Vercors comprit son erreur vieille de vingt ans devant le générique d'un film anglais, *Question de vie ou de mort*. Face à ce générique, et après avoir entre-temps vécu l'expérience de la guerre qui avait ébranlé ses convictions premières, Vercors comprit brusquement qu'entre le Cosmos et l'homme « il n'y a aucune commune mesure[8] », « que la mort de cet aviateur, néant à la proportion de l'univers, était le seul *absolu* à notre proportion à nous, au sein de cette unique réalité qui est la nôtre[9] ». Ce film, anodin en apparence, fut capital dans la gestation d'une pensée en marche et dans une première clarification de ses contradictions intérieures.

Surtout, à l'automne 1947, une rencontre également anodine agit comme un révélateur. Au cours d'une promenade solitaire, Vercors vit sur son chemin un grillon sur le point de mourir de froid. Il conclut aussitôt que la nature abandonne toutes ses créatures, animaux et hommes. Mais, contrairement

à l'animal, l'homme n'accepte pas cet abandon, il ne
se soumet pas à cette tragique condition, de ce fait
il se met hors de la nature. Ce constat caractérisa
pour Vercors la différence essentielle entre l'homme
et l'animal.

Néanmoins, il perçut la faiblesse de sa dialectique
après ce qu'il considéra comme l'échec, en juin 1948,
de son « Discours aux Allemands[10] » sur la Résistance intellectuelle française. Vercors voulut démontrer à la jeunesse de ce pays en quoi le nazisme,
destructeur de la dignité humaine, avait fait passer
la qualité d'Allemands avant la qualité d'Hommes,
mais ne convainquit pas véritablement. Il lui fallut
encore une année entière pour dégager clairement
la spécificité humaine. Et c'est en 1949 qu'il exposa
sa pensée sur la dénature dans *La Sédition
humaine*. Ce premier essai met en lumière les grandes lignes de sa pensée, mais d'autres, tels *Ce que je
crois* (1975) et *Sens et non-sens de l'Histoire* (1978),
sont des lieux de précision et d'approfondissement
d'une recherche d'un demi-siècle, d'une pensée toujours en mouvement grâce à un fructueux commerce
épistolaire.

L'HOMME, UN ANIMAL DÉNATURÉ

De l'hominisation à l'humanisation

Ce titre induit un processus évolutif. Postuler
qu'a existé un processus d'hominisation conduisit
Vercors à plonger dans le passé de nos ancêtres et à
replacer ces derniers dans la généalogie buisson-
nante des espèces animales.

Vercors commença par décrire l'anthropoïde au plus bas de son hominisation avant qu'une barrière ne s'élève entre l'homme et la bête. Semblable aux autres animaux, cet anthropoïde ne faisait qu'un avec la nature. Certes il était doté d'une certaine conscience de soi, mais tout juste destinée à répondre aux besoins immédiats. Ce « morceau de nature » agissait par instinct et obéissait à son innéité.

Mais Vercors pensait qu'à un moment donné de l'évolution, notre ancêtre avait subi une rupture irréversible, une rupture qui traça les limites entre l'homme et l'animal :

> Un beau jour, la conscience de soi de l'anthropoïde s'est éveillée à sa condition. Un beau jour, une furtive interrogation a traversé sa sombre cervelle[11].

Exprimée ainsi, l'hominisation semble donc être aux yeux de Vercors le fruit d'une rupture brutale. En 1949, Vercors n'avait pas rédigé *La Sédition humaine* dans l'intention d'expliquer ce phénomène et de le dater. Il n'était pas question de se substituer aux spécialistes. Bien vite pourtant, il entama le dialogue avec des philosophes et des scientifiques — avec le biologiste Ernest Kahane et leur correspondance parut en 1973 sous le titre *Questions sur la vie à Messieurs les biologistes*, une correspondance engendrée par celle que Vercors entretint avec le compositeur et croyant Paul Misraki, éditée en 1965 sous le titre *Les Chemins de l'être*. N'oublions pas un dialogue plus souterrain, car une partie de sa correspondance resta privée : citons notamment le biologiste Jacques Monod, son ami le naturaliste Théodore Monod, le physicien Prix Nobel Alfred Kastler, le docteur Claudine Escoffier-

Lambiotte, le linguiste Georges Mounin, le philosophe Marc Beigbeder, etc.

Son idée de rupture radicale alluma la controverse. Certains lui opposèrent un continuum évolutif, un long processus dans le temps et acculèrent Vercors à préciser ses arguments. Dans sa correspondance, Vercors dut souvent revenir sur cette mauvaise interprétation de sa pensée : « [on] m'attribue l'idée que, entre l'animal et l'homme, il y a eu brusque rupture. Alors qu'au contraire la définition que j'ai tentée de l'humain est fonction du fait que *tout* (sauf ladite distinction) est déjà préfiguré chez l'animal[12] ». Même après ces mises au point avec ses correspondants, Vercors continua dans ses essais à employer cette expression « un beau jour », par exemple dans *Sens et non-sens de l'Histoire* dans les années 1970, et ce, jusqu'à un article de 1988 pour le numéro 82 de la revue *Raison présente* de l'Union rationaliste, association dont il fut le président l'honneur. Aussi les débats rebondirent-ils.

Néanmoins, et malgré ce qui peut subsister d'idéalisme chez Vercors, un accord profond le liait à ses correspondants. Il appuya sans hésitation sa réflexion sur l'évolution darwinienne et chercha à découvrir la cause originelle de l'hominisation dans une explication scientifique, plus précisément neurobiologique. Vercors souhaitait s'inscrire dans une démarche matérialiste. Et nous saisissons le déplacement de l'explication du divin au cérébral.

Cet effet de rupture déclencha une interrogation chez cet ancêtre. Cette révolution mentale l'amena à s'observer, à observer la nature, alors que l'animal qu'il était avant cette rupture ne se posait aucune question sur sa condition native et sur son environnement. Cette volonté nouvelle de connaître s'exerça contre son inertie naturelle. L'homme se fit donc

violence contre lui-même. Et il se mit à part de la
nature. Lui qui ne faisait qu'un avec celle-ci se posa
face à elle. Pour passer de l'inconscience passive à
la conscience interrogative, il s'arracha à la nature,
il se dénatura.

À ce moment, il constata son ignorance et dans le
même mouvement refusa cette ignorance imposée :

> Ce que nous appelons « homme », c'est cette cons-
> cience de soi révoltée contre le sort qui lui est fait, impi-
> toyable et trompeur[13].

Cette rébellion fondait pour Vercors la distinction
spécifique entre l'homme et l'animal, elle conduisit
progressivement notre ancêtre de l'hominisation à
l'humanisation.

Plus tard, Vercors expliqua la méthode qu'il avait
adoptée pour extraire cette rébellion comme trait
spécifique de l'homme. Il élimina d'abord tous les
comportements communs à l'homme et à l'animal,
puis examina les traits communs à tous les hommes et qui ne se retrouvent pas chez l'animal. Ce
résidu, commun à tous les hommes et absent chez
tous les animaux, c'est cette rébellion. Par cette théorie, Vercors maintenait l'unité de l'espèce humaine,
une unité gravement menacée par le nazisme.

Son discours ne resta pas théorique, bien au contraire. Il mit son art au service de sa pensée, parce
que tout au long de sa double carrière, Vercors eut
le souci constant de *dire* et de diffuser largement
ses écrits engagés pour amener le public à s'interroger avec lui :

> Je n'ai jamais dessiné pour dessiner. Jamais été de
> ceux pour qui le dessin, la peinture, est une passion de
> tous les instants. Je n'ai jamais pris de croquis sur le vif,

ni ne me suis essayé à des études d'une esthétique nouvelle. J'ai toujours dessiné *pour dire*. En ce sens, j'étais
déjà un écrivain qui s'ignorait. Et ce que j'ai eu à *dire*,
après la guerre, était devenu sans rapport avec mon
œuvre ancien, au lieu que l'écriture l'exprimait bien
mieux. En outre, l'idée de dessiner le dimanche, comme
une récréation, comme on va à la pêche, m'aurait été
déplaisante et nostalgique, après quinze ans de carrière,
pour que je m'y résolve[14].

Le conte philosophique *Sylva*, paru en 1961, con-
dense ainsi cette longue marche de l'humanité, en
reprenant les principaux points de l'essai de 1949,
La Sédition humaine. Vercors adapta *Lady into Fox*
(*La Femme changée en renard*), un roman de David
Garnett publié en 1922, en proposant un point de
départ exactement inverse : le personnage principal
de *Lady into Fox* se transforme en renarde au
moment où une chasse à courre passe, quand l'autre,
au départ renarde, se métamorphose en femme. Vercors n'hésita pas à évoquer explicitement dans les
premières pages de son roman celui qui l'avait ins-
piré. Vercors, s'il reprit le concept général de
Garnett, s'en éloigna résolument pour proposer
ouvertement à ses lecteurs un conte philosophique.
Silvia est ainsi devenue symboliquement Sylva, pré-
nom que le personnage-narrateur choisit en hommage à Garnett. Sylva a néanmoins un sens plus
profond, puisqu'il signifie « forêt » par son étymologie latine. Une renarde se transforme en femme, la
rupture est définitive. Si le début du récit est fan-
tastique, la suite est bien une interrogation sur la
dénature. Cette Sylva est biologiquement une femme,
mais obéit toujours à ses instincts. L'interrogation
surgira petit à petit, avec deux moments essentiels,
le stade du miroir, quand elle se pose face à elle-
même et se reconnaît ; puis le choc de la mort d'un

proche, source d'une rébellion qui se traduit dès lors par d'incessantes questions. Ses questions sont maladroites, car Sylva n'a pas acquis un langage élaboré, sa pensée est encore balbutiante, mais c'est une pensée en marche. La raison supplante progressivement l'instinct.

Pensée, langage, communication sont des effets de cette rébellion. Ils ne constituent pas un critère distinctif, l'homme partage ces capacités avec les animaux, même s'il les a davantage développés pour « satisfaire à d'autres besoins[15] ». Dans *Les Animaux dénaturés*, Vercors le démontra en inventant des tropis, des fossiles vivants à la frontière entre l'homme et l'animal. Or, ces tropis présentent un mélange de caractéristiques attribuées aux animaux ou aux hommes : leur aspect physique est simiesque, mais ils marchent debout ; ils ne s'adonnent pas à l'art, mais enterrent leurs défunts, ils taillent la pierre et savent rire, etc. Avec humour, Vercors nous livre une bataille d'experts — psychologues, zoologues, paléoanthropologues — qui n'arrivent pas à déterminer la nature de ces tropis par des traits anatomiques, zoologiques, psychologiques, cognitifs, ou culturels. Ce brouillage volontaire suggère à quel point nous faisons fausse route par ces classements non spécifiques, des classements dangereux, le nazisme venait de le prouver.

Il n'est pas étonnant de voir Vercors traduire *The Evolution Man* (*Pourquoi j'ai mangé mon père*) de Roy Lewis, sorte de prolongement des *Animaux dénaturés*. Dès 1965, Vercors s'attaqua à l'adaptation de ce roman humoristique de 1960, auquel il ajouta une préface. Sa correspondance avec le naturaliste Théodore Monod prouve que Vercors soumit à celui-ci son texte, source entre les deux hommes de nouvelles explications sur les caractéristiques humaines et animales.

La qualité d'homme

Vercors compléta son raisonnement par ce qu'il appela la « qualité d'homme ». Cette expression apparut pour la première fois dans sa nouvelle *Les Armes de la nuit*, publiée en 1946. Le personnage principal, Pierre Cange, est persuadé d'avoir perdu sa qualité d'homme dans les camps de concentration. Cette notion, nouvelle en 1946 mais bientôt récurrente sous la plume de Vercors, forme le premier pas véritable dans la quête d'une définition de l'homme. Son récit *Les Armes de la nuit* parut dans la dernière tomaison de *Chroniques de Minuit*, ces cahiers destinés à fonder une éthique et rapidement suspendus, faute d'avoir cherché d'abord la définition de l'homme. Le récit *Les Armes de la nuit* se clôt d'ailleurs sur un constat honnête : Vercors avait dégagé des méandres de sa pensée le concept de « qualité d'homme », sans être encore capable de tirer toutes les conclusions en 1946. Il faudra attendre 1951, c'est-à-dire après l'essai *La Sédition humaine*, pour que le personnage principal, mis en scène cette fois dans le roman *La Puissance du jour*, puisse définir cette « qualité d'homme » et la reconquérir.

L'essence humaine réside dans la rébellion. L'homme n'a plus le choix de revenir à son état antérieur, d'avant la rupture. Il est homme, irrémédiablement. Néanmoins, il a la liberté de se comporter *plus* ou *moins* en homme. « Tout acte humain est l'effet d'une volonté dirigée par une raison éthique », mais cette raison éthique est le fruit de l'entendement et à la fois déterminée par les instincts. « Le combat, dit Vercors, a lieu dans l'homme lui-même, c'est en lui que la nature et le rebelle sont aux prises[16]. » Soumis à cette nature perçue de manière négative, l'homme peut se nier au point de commettre des crimes contre l'humanité, des actes que Vercors qualifia de « rétrohumains ». Il trahit ainsi son essence de rebelle. Au contraire, la qualité d'homme nécessite la solidarité. La rébellion exige de cheminer ensemble dans les voies de la connaissance : la recherche scientifique pour comprendre l'univers, les inventions techniques, les arts constituent autant de proclamations d'indépendance de l'homme vis-à-vis de la nature.

Chez Vercors, cette question centrale de l'homme et de l'animalité n'est pas un pur discours détaché de l'existence, elle dévoile une philosophie en actes, tant dans son rôle dans la Résistance et la dénonciation des horreurs nazies, que plus tard dans son combat contre la torture pendant la guerre d'Algérie. Elle dévoile aussi une philosophie en actes dans son art engagé constamment animé par une interrogation incessante.

La pensée de Vercors sur la question de l'homme par rapport à l'animal n'a rien perdu de son actualité.

Les essais et la correspondance de Vercors, dont certains, épuisés, mériteraient une réédition, développent un véritable discours de la méthode. Raison critique plutôt que croyance, méthode expérimentale plutôt que vérité révélée, telle est la démarche de cet héritier des Lumières. Et l'homme de lettres ne perdit jamais de vue ses lecteurs puisqu'il sut allier dans ses fictions réflexion sérieuse et art de la narration.

Vercors voulait que l'ensemble de sa théorie, dont on peut interroger la validité (lui-même le faisait inlassablement), soit mis à l'épreuve de la science. Et si jamais un jour l'approche expérimentale invalidait celle-ci, il espérait qu'on retienne du moins la méthode de pensée qui sous-tendait sa démarche intellectuelle.

NATHALIE GIBERT-JOLY

BIBLIOGRAPHIE SÉLECTIVE

ALBUM

La Danse des vivants, Le Mans, Création & Recherche, 2000

RÉCITS

Les Armes de la nuit (1946) et *La Puissance du jour* (1951), Paris, Seuil, 1997 (ces deux récits ont également été édités dans *Le Silence de la mer et autres œuvres*, Paris, Omnibus, 2002)
Les Animaux dénaturés, Albin Michel, 1952 (ce conte philosophique a aussi été édité dans *Le Silence de la mer et autres œuvres*, Paris, Omnibus, 2002)
Sylva, Paris, Éditions Grasset, 1961

THÉÂTRE

Zoo ou l'assassin philanthrope (1964), Paris, Magnard, 2003

TRADUCTION

Pourquoi j'ai mangé mon père de Roy Lewis (plusieurs éditeurs)

ESSAIS/CORRESPONDANCES

[Les ouvrages suivants, épuisés, sont plus difficiles à se procurer :]

La Sédition humaine (1949), dans *Plus ou moins homme*,
Paris, Albin Michel, 1950

Les Chemins de l'être, Paris, Albin Michel, 1965 (correspondance avec Paul Misraki)

Questions sur la vie à Messieurs les biologistes, Paris, Stock,
1973 (correspondance avec Ernest Kahane)

Ce que je crois, Paris, Grasset, 1975

Sens et non-sens de l'Histoire, Paris, Galilée, 1978

Figures du monstrueux.
Entre l'humain et l'inhumain

Aristote, au début du Livre I des *Politiques*, effectue une démonstration bien connue dont l'enjeu est le suivant : établir que l'homme est par nature un animal politique. Que la coexistence des hommes dans une cité, selon une certaine organisation et certaines normes, n'est pas contingente et artificielle (le simple résultat d'un contrat par exemple), mais qu'elle est à la fois un effet et un accomplissement de leur nature. Il procède par un jeu d'emboîtements successifs, qui constituent une genèse du politique. Premier emboîtement, l'union sexuelle, qui fonde la naturalité de la famille. Le second est déterminé par le fait que les familles ne peuvent subvenir qu'aux besoins de la vie quotidienne, ce qui rend nécessaire qu'elles se regroupent à l'intérieur d'une communauté étendue, le village. Enfin, c'est la fédération de plusieurs villages qui formera la Cité proprement dite, unité plus large qui seule atteint le niveau de l'autarcie, c'est-à-dire ne dépend plus que d'elle-même pour assurer les conditions d'existence et de subsistance de ses membres. Or, si la Cité succède chronologiquement à la famille et au village, qui sont les éléments dont elle a été composée, elle les précède selon l'essence, en tant que forme qui leur donne une unité et une autonomie, car elle est leur fin, ce en vue de quoi ils existent, ce qui constitue l'achèvement et l'accomplissement du processus naturel d'association des hommes commencé avec l'union sexuelle. Et c'est en ce sens précis qu'il est permis de dire que l'homme est politique (membre d'une cité) par nature : non pas que factuellement on ne puisse trouver d'homme à l'état isolé, ou vivant dans des communautés d'échelle inférieure ; mais parce que ce n'est que dans le contexte de la Cité que la nature humaine peut et doit se réaliser pleinement, devenir ce qu'elle est.

La Cité est donc, dans cette perspective, une réalité naturelle, de sorte que « citoyen » devient virtuellement l'un des noms propres de l'homme. Ce qui veut dire que dans le même geste sont fixées par Aristote les limites extérieures de l'ordre proprement humain, les limites de l'infra-humain et du sur-humain. C'est ce dont il prend acte aussitôt : « L'homme est par nature un animal politique, et celui qui est hors cité [...] est soit un être dégradé, soit un être surhumain[1] ». Une bête ou un dieu. Le champ de l'anthropologique semble clairement délimité, et même très précisément renfermé dans les frontières de la Cité. Il est néanmoins troublant que les figures de l'extra-humain, dieu et bête, réapparaissent en d'autres lieux du texte aristotélicien, où ils fonctionnent paradoxalement comme des clefs d'intelligibilité permettant de désigner *certaines* catégories du politique (donc de l'humain) lui-même. Il faudrait le montrer en détail, mais contentons-nous pour le moment de relever quelques occurrences symptomatiques. En I, 5, 7, Aristote définit le rapport entre l'homme et les animaux, pour dire que les animaux apprivoisés ont une meilleure nature, car il est meilleur pour eux (entendons relativement à leur fin propre, qui est de survivre) d'être commandés par l'homme. Et significativement, il va alors déployer un réseau d'analogie : il est semblablement meilleur que l'homme commande à la femme dans la famille, car le mâle est par nature à la femelle ce que le plus fort est au plus faible et ce que l'homme est à l'animal ; et de même il est naturel que l'esclave se soumette au maître car, par nature, l'esclave (qui utilise essentiellement son corps) est au maître (qui utilise essentiellement sa raison) ce que de nouveau la bête est à l'homme. De là que « pour l'usage on ne les distingue guère : l'aide physique en vue des tâches indispensables nous vient des deux, les esclaves et les animaux domestiques[2] ». Dans le même ordre d'idées, il se demandera (*Politiques* III, 11, 15) en quoi certaines foules, masses désorganisées d'hommes, diffèrent au fond des bêtes sauvages.

On pourra trouver ces analogies anecdotiques. Je crois au contraire significatif que, après qu'ont été soigneusement délimitées l'extension et les limites de l'humain, donc la différence humain/non-humain, cette dernière (la différence elle-même) fasse pourtant retour à l'intérieur du genre de l'humain pour qualifier et désigner certaines de ses articulations internes : le rapport homme/femme, le rapport maître/esclave, ou encore la différence plethos/demos, c'est-à-dire masse/peuple.

Indice peut-être que toute tentative de fixer les limites de l'humain, de tracer la frontière à l'intérieur de laquelle se situe l'homme, tend à se retourner en une délimitation interne au groupe concret des hommes, dans lequel les différentes figures de l'inhumain viennent servir à penser et à situer, donc éventuellement à isoler et à traiter d'une manière spécifique, certains *types* d'hommes.

Sans doute serait-il intéressant de faire une histoire de ce geste, qui ne serait pas tant une histoire des différentes manières dont certaines catégories d'hommes sont « animalisés » par la conceptualité et la métaphorique politiques, qu'une histoire de ce qui se produit sur la zone frontière entre l'humain et l'inhumain. Une histoire qui chercherait à comprendre les différentes manières dont cette frontière s'efface, est transgressée ou est au contraire intériorisée. Une telle histoire serait à certains égards une histoire de la monstruosité, entendue en un sens très large, ou plus précisément de l'assignation en monstruosité dans les discours de savoir. Car le monstre, c'est justement cela : le mixte, le mélange de deux ordres incompatibles, la fusion de deux (ou plusieurs) termes d'une différence normalement stable, infranchissable, structurante. Foucault a admirablement analysé la figure du monstre, montrant que ce dernier n'avait jamais cessé d'être un objet hautement problématique et insituable, et ce précisément parce qu'il était réfléchi comme double, mixte, mélange[3]. Le monstre d'abord est, selon l'interprétation de Foucault, un mixte de deux règnes, de deux espèces, de deux sexes, de deux formes, ou de la vie et de la mort même. Le monstre est donc transgression « des limites naturelles, transgressions des classifications, transgression du tableau, transgression de la loi comme tableau[4] ». Mais cette mixité transgressive qui constitue la nature même, impensable, du monstre, est d'un autre côté articulée à une transgression des lois non plus naturelles mais juridiques : « Il n'y a de monstruosité que là où le désordre de la loi naturelle vient

toucher, bousculer, inquiéter le droit[5] ». La monstruosité, en effet, ou bien résulte d'une « infraction
du droit humain et du droit divin[6] », par exemple
d'un rapport sexuel transgressif, ou bien rend
impossible l'exercice normal du droit civil ou cano-
nique (question du baptême des monstres, question
des successions). Violation des lois de la société car
violation des lois de la nature, violation des lois de
la nature résultant d'une violation des lois de la
société. Le monstre est donc doublement mixte,
mélange d'un mélange de deux natures et d'un
mélange de nature et de droit.

Cette double appréhension, naturaliste et juridique, classificatoire et moralisatrice, ayant d'ailleurs
joué un rôle essentiel dans ce que l'on pourrait
nommer les politiques de la monstruosité.

Rappelons en outre que le mot « monstre » en
français, vient par emprunt du latin *monstrum*, qui
dérive lui-même du verbe *monere* (« faire penser,
attirer l'attention sur », d'où aussi « avertir ») —, le
monstre c'est donc étymologiquement ce qui attire
l'attention, ce qui signale, ce qui fait signe, ce qui
montre et se montre : à la fois il saute aux yeux
dans son aberration et il indique quelque chose
de caché (d'ailleurs dans le vocabulaire religieux,
monstrum désignait apparemment un prodige ou
un miracle avertissant d'une volonté divine et
devant être dûment interprété).

Eh bien, pour être un peu plus précis que précé-
demment, et en mélangeant moi-même quelque peu
ce sens ancien de *monstrum* et le sens plus classique de monstre comme mixte de natures incompatibles (tout spécialement humaine et animale), je
dirais que ce qui m'intéresserait, ce serait une histoire des diverses manières dont le mélange d'ani-

malité et d'humanité en l'homme a pu être traité comme un ensemble de signes à déchiffrer, a pu donner lieu donc à des herméneutiques — à des systèmes d'interprétation de ce que signifie la présence de traits inhumains chez l'humain, des régimes de savoir susceptibles eux-mêmes d'entraîner un certain nombre de pratiques.

Il serait naturellement nécessaire de conduire cette enquête dans un très grand nombre de perspectives différentes. Je me contenterai ici d'en esquisser les linéaments en choisissant une ligne d'évolution précise, un point de vue spécifique sur cette histoire, et en partant d'un cas particulier : l'histoire des physiognomonies animales.

Le concept de physiognomonie désigne très généralement une méthode basée sur l'idée que les caractéristiques physiques observables d'une personne expriment les traits essentiels de son tempérament. De sorte qu'une physiognomonie animale désignera plus spécifiquement une semblable analyse des marques d'animalité dans le physique humain — les ressemblances observables dans le corps (et surtout le visage) d'un homme avec un corps/visage animal étant supposées traduire quelque chose de son caractère (à savoir les traits moraux et passionnels qu'il partage avec l'animal en question).

Par chance, l'historien de l'art Jurgis Baltrusaïtis[7] a proposé une remarquable étude de ces différentes formes « d'identification de l'homme et de la bête[8] », et de leur histoire. Une histoire qu'on peut faire partir des physiognomonies antiques, telle celle d'Adamantios où il est dit que « ceux qui ont les mâchoires petites sont traîtres et cruels ; les serpents qui les ont petites ont tous ces vices », ou encore qu'« une bouche démesurément fendue est celle d'une personne vorace, cruelle, folle et impie ; les chiens ont la gueule fendue de la même sorte[9] ». Toute analogie entre une zone ou une portion du corps humain, spécialement du visage, et une zone similaire chez un animal conduira à attribuer à l'humain en question les traits de caractère que ledit animal symbolise, ou est traditionnellement réputé incarner.

Une histoire aussi dont il est intéressant de suivre les méandres et les mutations — passant par l'abondante littérature arabe médiévale consacrée à la physiognomonie zoologique, fortement liée à l'astrologie et à la divination ; par la littérature latine occidentale qui les recueille et les fait fonctionner dans une perspective similaire ; par l'imagerie médiévale tardive qui abonde naturellement en figures hybrides d'homme et d'animal ; et allant au moins jusqu'à la très influente *Physiognomonie humaine* de Giambattista Della Porta, parue en 1586. Dans toute cette période, en synthétisant les remarques de Baltrusaïtis, on peut repérer que l'herméneutique évolue à trois égards au moins. 1) Les critères se modifient. Par exemple, chez Della Porta le faciès canin ne renvoie plus à la voracité et à la folie : le nez haut et bien fleurant d'un chien, son front étendu en longueur dénotent plutôt chez un homme du naturel et du bon sens. 2) L'analytique s'affine : Della Porta va ainsi différencier les nez en bec d'oiseau selon qu'ils évoquent la caille (impudence), le coq (luxuriance) ou l'aigle (générosité). 3) Son champ d'application s'étend. On inclut attitudes, gestes et démarches : « celui qui marche droit, la nuque élevée et remuant légèrement les épaules, tient des chevaux[10] », ce qui connote un tempérament glorieux et ambitieux.

Mais quelles que soient les variations et les modifications de cette « science », il semble que son principe de base reste inchangé. « Chaque espèce d'animaux a sa figure correspondant à ses propriétés et à ses passions ; les éléments de ces figures se retrouvent chez l'homme ; l'homme qui possède les mêmes traits a par conséquent un caractère analogue[11]. » Si l'on cherchait à définir à très gros traits les principales mutations épistémologiques que vont connaître les systèmes physiognomoniques, on pourrait dire que la première se produit à l'âge classique, sous l'influence cartésienne, qui conduit à rattacher les manifestations animales dans le physique et le comportement humain à l'action des fameux « esprits animaux », principes internes et invisibles qui se trahissent et se traduisent néanmoins par les déformations qu'ils opèrent sur les différentes parties de la physionomie qui leur correspondent électivement ; de la sorte l'analogie humaine-animale trouve un principe de justification scientifique : si le nez léonin traduit un caractère nerveux et coléreux, c'est par exemple parce que le lion est justement lui-même dominé par ces deux passions, et que ce sont donc les mêmes causes physiologiques internes qui d'un côté produisent les traits propres au lion, et de l'autre déforment le visage humain pour le faire ressembler à celui de cet animal. D'autre part, cette même rationalisation de la physiognomonie va permettre d'envisager de la géométriser, de constituer un véritable « alphabet des signes » et de s'essayer à l'exposer *more geometrico*, par théorèmes, propositions et scholies. Il suffit alors de trouver le point de départ ou principe premier : chez Le Brun (qui a réalisé de nombreux croquis physiognomoniques dont près de deux cent cinquante sont conservés au Louvre) ce sera le sourcil : « partie de tout le visage où les passions se font le mieux connaître » et où elles se manifestent en premier (comme la glande pinéale est chez Descartes la partie du cerveau où l'âme reçoit les images des passions, leurs effets psychiques si j'ose dire, le sourcil est ici la partie du visage où le corps reçoit leurs impressions directement physiques).

Il s'agit à l'évidence d'une transformation très substantielle de la problématique, dans la mesure où elle conduit à installer la physiognomonie, non plus seulement dans une herméneutique, un système d'interprétation basé sur des analogies à référent culturel (tel animal connote traditionnellement telle propriété...), mais dans une étiologie, un système d'explication causal. L'homme ne communique plus avec l'animalité par l'extérieur, par ses apparences visibles faisant signe vers d'autres apparences similaires chez d'autres créatures, mais de l'intérieur : l'animalité est maintenant enfoncée au fond de sa nature, son corps et son âme sont peuplées de principes animaux qui le colonisent, jouent et débattent en lui.

La deuxième grande mutation théorique dans l'histoire de la physiognomonie animale, celle qui m'intéresse le plus directement, eut lieu à partir de la fin du XVIIIᵉ et plus clairement encore au XIXᵉ siècle. Elle est initiée par (je suis toujours Baltrusaïtis) les travaux de Camper, naturaliste hollandais, puis se poursuit notamment dans les travaux célèbres de Lavater (par ailleurs théologien, poète et suisse) dont les *Fragments physiognomoniques* suscitèrent d'amples débats et polémiques. Pour aller très vite, ce qui me paraît caractéristique de cette période, c'est que la physiognomonie s'intègre à la biologie naissante, donc à une théorie de la position de l'espèce humaine au sein du continuum des espèces

vivantes : il s'agit d'expliquer les caractéristiques animales de certains faciès humains à partir des principes de construction généraux utilisés par la nature
pour fabriquer les différentes espèces vivantes
(l'idée est que tous les êtres sont formés à partir des
mêmes éléments de base et selon des principes de
construction identiques, ce qui fait qu'on peut toujours métamorphoser un animal en un autre animal, moyennant certaines déformations réglées ; à
peu près comme on peut engendrer une figure géo-
métrique à partir d'une autre).

Or, la principale conséquence de ce geste tient
dans le fait qu'il prépare le terrain pour une inté-
gration de la problématique physiognomonique à
des théories évolutionnistes. Et c'est précisément
ce qui s'esquisse dans les tout derniers travaux de
Lavater (parus à titre posthume en 1803) qui proposent, signale Baltrusaïtis, une théorie évolutive.
Considérons par exemple sa conception de ce qu'il
nomme *la ligne d'animalité* : il serait possible selon
lui de définir, ou plus exactement de dessiner une
ligne de développement conduisant par vingt-qua-
tre étapes de la figure d'un batracien (la plus profondément enfoncée dans l'animalité de toutes les
bestioles) au visage du dieu Apollon, à travers une
série de légères déformations successives des traits.
Un certain chemin a été parcouru depuis Aristote :
les deux marges extérieures de l'humain, le bestial
et le divin se trouvent maintenant réinscrites à
l'intérieur d'un plan continu de déformations.

Voilà (enfin) le point où je voulais en venir. Car il
me semble que cette articulation dans le champ du
savoir de la physiognomonie animale et de la théorie évolutive a revêtu une importance historique
décisive, ou à tout le moins peut servir de marqueur

à une transformation épistémologique importante dans le champ de l'anthropologie.

En sautant pour les besoins de l'exposé un certain nombre d'étapes et de médiations, on retrouvera les conséquences les plus claires de cette transformation dans les théories de la dégénérescence humaine, qui firent florès dans la seconde moitié du XIXᵉ siècle, tout particulièrement sous l'impulsion du fameux ouvrage de Bénédict Augustin Morel, le *Traité des dégénérescences physiques, intellectuelles et morales de l'espèce humaine*, publié en 1857. Morel y propose de substituer à la traditionnelle caractérisation des maladies mentales par les formes simultanées ou successives de leurs symptômes une explication de la folie en termes étiologiques. La cause fondamentale d'un grand nombre de maladies mentales serait à trouver dans ce que Morel nomme « une déviation maladive du type primitif ». Les malades mentaux, mais aussi bientôt les criminels, les marginaux, les déviants, les anormaux de toutes sortes vont, à partir de là, dans une masse proliférante d'écrits psychiatriques et anthropologiques, être repensés, non plus comme des aliénés, c'est-à-dire des gens atteints d'une affection de leurs passions ou de leur rapport à eux-mêmes, des gens à côté d'eux-mêmes, étrangers à eux-mêmes, mais comme des dégénérés, c'est-à-dire des régressifs, des êtres qui ont régressé par rapport à l'évolution normale du type biologique humain qu'ils représentent, et sont revenus à des états évolutifs antérieurs normalement dépassés.

Or régresser, dans cette perspective, c'est aussi réactiver et faire ressurgir l'ensemble des tendances instinctuelles caractérisant des stades primitifs de l'évolution : sauvagerie, absence de contrôle pulsionnel, irrationalité, aversion à la nouveauté, etc.

En un mot : infantilisme (ce qui est une interprétation ontogénétique de cette régression) et animalité (ce qui en est le pendant phylogénétique). Et, comme on pouvait s'y attendre, ce seront de nouveau les traits corporels d'animalité qui traduiront à l'œil averti cet état régressif. De sorte que va se mettre en place, chez ces théoriciens, toute une nouvelle analytique de l'anormalité, qui reprend la symptomatologie qu'utilisait la physiognomonie animale, mais en l'inscrivant à l'intérieur d'une forme pseudo-scientifique d'évolutionnisme, et d'autre part en la mettant en continuité avec tout un ensemble d'autres régimes de signes : ce qui connote l'animalité connotera l'infantilisme (puisque la régression ontogénétique répond à la régression phylogénétique) ; ce qui connote l'animalité connotera également la sauvagerie, celle des peuples primitifs, plus enfoncés évidemment que « nous » dans la bestialité (puisqu'à la régression phylogénétique correspond forcément une régression anthropologique) ; ce qui connote l'animalité renverra par surcroît aux masses prolétaires (régression anthropologique, dans un contexte de « *struggle for life* », signifie évidemment régression sociale).

On va de la sorte voir se mettre en place toute une vaste structure analogique, dans le champ de l'anthropologie, qui — au nom de cet évolutionnisme rudimentaire — établit des corrélations systématiques entre les divers « stigmates de la dégénérescence » : enfance, « primitivisme », masses populaires, nature féminine aussi, et au cœur de ce système : animalité.

Contentons-nous, pour le suggérer, de relire quelques passages du grand « classique » de l'anthropologie criminelle : le best-seller de Cesare Lombroso, *L'Homme criminel*[12]. Ce qui caractérise le dégénéré pour Lombroso, c'est sa tendance à la répétition. L'homme, dans sa conception, est essentiellement conservateur, et ce qui lui demande les plus grands efforts, c'est d'innover, de produire de nouvelles normes, de nouveaux types d'actes impliquant qu'il plie son cerveau à une évolution différente de celle que des siècles de répétition lui ont imposée. Cela vaut de tout être vivant, mais cela vaut d'autant plus d'un être vivant qu'il est moins haut dans l'évolution : la tendance fondamentale de l'évolution réussie, c'est l'arrachement progressif à la nécessité de répéter l'acquis. Dégénérer, inversement, c'est répéter (de plus en plus compulsivement) les stades antérieurs de l'évolution (biologique, anthropologique ou sociale).

Et Lombroso insiste sur le fait qu'il est nécessaire, pour réellement fonder scientifiquement cette théorie, de remonter jusqu'à la clef ultime d'intelligibilité fournie par l'animalité, qui constitue le niveau le plus bas dans toute la chaîne évolutive *et* dans tout le réseau d'analogie qui se déploie à partir d'elle.

Ce sont donc bien — dans une configuration théorique certes tout à fait différente de celle des anciennes physiognomonies animales mais qui en descend « généalogiquement » — les traces physiques observables d'animalité qui vont fonder en dernière instance toute la symptomatologie de la dégénérescence.

Il n'est que de lire.

« Si nous poursuivons, plus loin encore, les analogies atavistiques, si nous remontons au-delà de la race, dans les animaux inférieurs, nous pourrons trouver la raison de quelques autres apparences du monde criminel qui, par elles-mêmes, semblent inexplicables, même à l'aliéniste. Telles sont : la soudure fréquente de l'atlas avec l'occiput, la saillie des canines, l'aplatissement du palais : la concavité de l'apophyse basilaire, la fréquence de la fosse occipitale moyenne et son développement exagéré, précisément comme chez les lémuriens et les rongeurs ; la persistance des poils sur le visage, les arrêts de développement du cerveau, comme la formation d'un opercule du lobe occipital, l'ouverture de la fossette de Silvius, la séparation des scissures calcarone et occipitale, l'hypertrophie du vermis ou du cervelet tout entier, ou encore le lobe moyen affectant la même forme que celui des mammifères, la tendance au cannibalisme alors même que la vengeance n'est pas en jeu, et, mieux encore, cette forme de férocité sanguinaire jointe à la luxure, que nous avons rencontré dans Gille, Verzeni, Garayo, Legier, Bertrand, Artusio, dans le marquis de Sade[13]. »

Cette théorie devant permettre un repérage plus aisé et scientifique des dégénérés, ainsi que des transformations de leur prise en charge, de leur traitement, mais aussi de leur punition légale — ces problématiques, parmi d'autres, n'ont évidemment pas été sans jouer un certain rôle dans la redéfinition des systèmes de droit pénal en Europe, mais aussi bien sûr dans les formes inédites prises par le racisme au XXᵉ siècle, où l'animalisation des « races inférieures » a joué le rôle que l'on sait.

Outre que l'on trouve donc, dans cette histoire rudimentairement esquissée, l'une des lignes généalogiques qui conduiront à la formation du racisme dans ses versions modernes, il me semble qu'à un autre niveau, ce qui est en jeu du début à la fin de cette histoire, c'est une sorte de contrainte théorique qui semble peser sur toute détermination anthropologique, sur toute caractérisation de la nature

humaine, toute définition de l'homme, ou auto-défi-
nition par l'homme de ses propres limites et de ses
marges extérieures. Et évidemment, par voie de
conséquence, sur tout humanisme possible. Dès
lors que l'on fixe les frontières de l'humain et de
l'inhumain (tout particulièrement de l'homme et de
l'animal), les caractères, les traits, les détermina-
tions que l'on pose au-dehors, que l'on exclut, ten-
dent à faire retour à l'intérieur, à se replier sur
l'intérieur pour servir de critère de différenciation
des sous-catégories du genre humain lui-même. Dit
plus simplement : si soigneusement qu'on s'emploie
à mettre l'animalité en dehors de l'humanité, ce
refoulé tendra toujours à faire retour pour qualifier
certaines des formes concrètes prises par l'humain,
pour recoder les différences, et bien sûr aussi les
luttes, intra-humaines. Et le retour du refoulé en
question sera peut-être d'autant plus violent et incontrôlable que l'on mettra plus d'acharnement humaniste à exalter la différence, l'irréductibilité de
l'humain au non-humain.

Et pour finir, peut-être y aurait-il aussi là l'une
des racines du fameux antihumanisme caractéristique de la philosophie française des années 1960-
1980, et qui semble si fortement passé de mode (je
lis à droite et à gauche que *Les Mots et les choses*
seraient plus ou moins directement responsables de
Mai 68, de la hausse de la criminalité en zones
périurbaines et du déclin de l'autorité républicaine
dans les lycées difficiles — un phénomènes certes
amplement documenté dans les écrits d'universitai-
res). C'est d'ailleurs une chose qu'exprimait fort
bien Lévi-Strauss, dans un entretien. Il disait :

« On m'a souvent reproché d'être antihumaniste.
Je ne crois pas que ce soit vrai. Ce contre quoi je
me suis insurgé, et dont je ressens profondément la

nocivité, c'est cette espèce d'humanisme dévergondé issu, d'une part, de la tradition judéo-chrétienne, et, d'autre part, plus près de nous, de la Renaissance et du cartésianisme, qui fait de l'homme un maître, un seigneur absolu de la création.

« J'ai le sentiment que toutes les tragédies que nous avons vécues, d'abord avec le colonialisme, puis avec le fascisme, enfin les camps d'extermination, cela s'inscrit non en opposition ou en contradiction avec le prétendu humanisme sous la forme où nous le pratiquons depuis plusieurs siècles, mais, dirais-je, presque dans son prolongement naturel. Puisque c'est, en quelque sorte, d'une seule et même foulée que l'homme a commencé par tracer la frontière de ses droits entre lui-même et les autres espèces vivantes, et s'est ensuite trouvé amené à reporter cette frontière au sein de l'espèce humaine, séparant certaines catégories reconnues seules véritablement humaines d'autres catégories qui subissent alors une dégradation conçue sur le même modèle qui servait à discriminer entre espèces vivantes humaines et non humaines. Véritable péché originel qui pousse l'humanité à l'autodestruction.

« Le respect de l'homme par l'homme ne peut pas trouver son fondement dans certaines dignités particulières que l'humanité s'attribuerait en propre, car, alors, une fraction de l'humanité pourra toujours décider qu'elle incarne ces dignités de manière plus éminente que d'autres. Il faudrait plutôt poser au départ une sorte d'humilité principielle : l'homme, commençant par respecter toutes les formes de vie en dehors de la sienne, se mettrait à l'abri du risque de ne pas respecter toutes les formes de vie au sein de l'humanité même[14]. »

STÉPHANE LEGRAND

APPENDICES

NOTES

AVANT-PROPOS : UN ANIMAL DANS LA TÊTE

1. Je cite la Bible dans la nouvelle traduction parue aux éditions Bayard, 2001.

INTRODUCTION : UN ABÉCÉDAIRE

1. *Anthropologie structurale deux*, Plon, 1973, p. 53. *Le Monde*, janvier 1979.
2. Paul Claudel, *Bestiaire spirituel*, Mermod, 1949, pp. 9-23.
3. Jeremy Bentham, *An Introduction to the Principles of Morals and Legislation* (1789), ed. J.H. Burns and H.L. A. Hart, University of London, The Athlone Press, 1970, p. 44.
4. *T.M.* mars-juin 2005, n° 630-631.
5. *L'Autre Monde, ou les États et Empires de la Lune.*
6. Luc Ferry, Claudine Germé, *Des animaux et des hommes*, Le Livre de poche Biblio Essais, 1994, p. 347.
7. *Ibid.*
8. *Ibid.*, p. 348.
9. Erich Fried, « Définition », in *Warngedichte*, Francfort-sur-le-Main, Fischer, Taschenbuch Verlag, 1984, p. 134.
10. Frans de Waal, *De la réconciliation chez les primates*, Flammarion, 1992.
11. Cité par Sextus Empiricus, dans *Contre les mathématiciens*, 127 et 129. Cf. *Les Présocratiques*, Gallimard, 1989, p. 432 et note 52, chapitre III.
12. Cité par Porphyre *(DA)*, II, 31. Cf. *Les Présocratiques*, Gallimard, 1989, p. 433.

1. L'HOMME,
POINT CULMINANT DE L'ÉVOLUTION ?

1. Pour cette partie, se référer à Pascal Picq, *Lucy et l'obscurantisme*, Odile Jacob, 2007 ; *Le Monde a-t-il été créé en sept jours ?* Perrin, 2009 ; *Darwin et l'évolution expliqués à nos petits-enfants*, Seuil, 2009.

2. Pour cette partie, se référer à Pascal Picq, *Au commencement était l'homme*, Odile Jacob, 2003 ; Yves Coppens et Pascal Picq, *Aux origines de l'humanité*, t. I, Fayard, 2001 ; Pascal Picq, *Les Origines de l'homme expliquées à nos petits-enfants*, Seuil, 2010 ; pour une lecture scientifique et poétique, Pascal Picq, *Danser avec l'Évolution*, Le Pommier, 2007.

3. Pour cette partie, Pascal Picq et Yves Coppens, *Le Propre de l'homme*, Fayard, 2001 ; Pascal Picq, Dominique Lestel, Vinciane Despret et Chris Hersfled, *Les Grands Singes : l'humanité au fond des yeux*, Odile Jacob, 2005.

4. Pour cette partie, Pascal Picq, *Nouvelle histoire de l'homme*, Perrin, 2007 ; *Les Dessous de l'hominisation in* Thomas Heams et coll., *Les Mondes darwiniens*, Syllepse, 2009.

2. DES ANIMAUX-MACHINES
AUX MACHINES ANIMALES

1. Dominique Lestel, *Les Amis de mes amis*, Seuil, 2007, pp. 208-212.

2. Alan Turing (1950), « Computing Machinery and Intelligence », *Mind* 1950, LIX, 236 ; trad. fr. par P. Blanchard, *in* Alan Ross Anderson (dir.), *Pensée et machine*, Champ Vallon, 1983.

3. Donna Haraway, « A Cyborg Manifesto » (1985) trad. fr. *in* Donna Haraway, *Manifeste Cyborg et autres essais*, Exils éditeur, 2007, p. 29-106.

4. Georges Canguilhem, « Machine et organisme » (1947), in *La Connaissance de la vie*, 2ᵉ édition, Vrin, 1969, p. 100-127.

5. *Ibid.*, p. 110. Voir également le commentaire que fait Ian Hacking, dans son article, « Canguilhem parmi les cyborgs » (1998), trad. fr. in *Canguilhem, Histoire des sciences et politique du vivant*, Jean-François Braunstein (éd.), PUF, 2007, p. 113-141.

6. Georges Canguilhem, *op. cit.*, p. 111.

7. Descartes, *Les Principes de la philosophie*, IVe partie, § 203, *Œuvres et lettres*, Gallimard, Bibliothèque de la Pléiade, 1958, p. 666.

8. Jean-Pierre Séris, « L'artificiel et la connaissance de l'artificiel », *in* Olivier Bloch, *Philosophies de la nature*, Presses de la Sorbonne, 2000, p. 513-523.

9. Cela correspond à la définition que Philippe Descola donne du naturalisme, configuration ontologique occidentale : « une continuité de la physicalité des entités du monde, et une discontinuité de leurs intériorités », Philippe Descola, *Par-delà nature et culture*, Gallimard, 2005, p. 242.

10. Descartes, *Les Principes...*, *op. cit.*, § 203, p. 666.

11. Descartes, lettre à Morus, 5 février 1649, *Œuvres et lettres*, *op. cit.*, p. 1319.

12. *Ibid.*, p. 1320.

13. Francisque Bouillier, *Histoire de la philosophie cartésienne* (2 vol., 3e édition, Delagrave, 1868), à propos de Port-Royal : Slatkine reprint, 1970, t. I, chap. VII, p. 155-156.

14. Catherine et Raphaël Larrère, « Actualité de l'animal-machine » in *Les Temps modernes*, n° 630-631, 2005/06, p. 143-163.

15. La Mettrie, *L'Homme-machine*, in *Œuvres philosophiques* (1751), Fayard, 1987, vol. 1, p. 69.

16. *Ibid.*, p. 105.

17. Dominique Lestel, *L'Animalité*, L'Herne, 2007, « L'animal souffrant », p. 52-56.

18. Georges Canguilhem, « Machine et organisme », *op. cit.*, p. 102.

19. *Ibid.*, p. 104.

20. *Ibid.*, p. 112. (La référence est au début du *Traité de l'homme*, *Œuvres et lettres*, *op. cit.*, p. 807.)

21. *Ibid.*, p. 121. Voir, également, « toute technique comporte essentiellement et positivement une originalité vitale irréductible à la rationalisation » (*ibid.*, p. 122).

22. Georges Canguilhem, « La question de l'écologie » (1973), *in* François Dagognet, *Considérations sur l'idée de nature*, Vrin, 2000, p. 190.

23. C'est la théorie de la projection organique, dont Canguilhem retrace rapidement l'histoire chez Ernst Kapp et Espinas (« Machine et organisme », *op. cit.*, p. 122-123). Elle est également développée par André Leroi-Gourhan, *Le Geste et la Parole*, Albin Michel, t. I, *Technique et langage*, 1964, t. II, *La mémoire et les rythmes*, 1965 (cité dans l'article de 1973 sur l'écologie).

24. Ian Hacking, « Canguilhem parmi les cyborgs », p. 118.

25. *Ibid.*, p. 133.

26. *Ibid.*, p. 132.

27. Gilbert Simondon, *Du mode d'existence des objets techniques* (1958), Aubier, édition augmentée, 1989, p. 139.

28. *Ibid.*, p. 11.

29. « Si les navettes tissaient d'elles-mêmes et les plectres jouaient de la cithare, alors les ingénieurs n'auraient pas besoin d'exécutants, ni les maîtres d'esclaves », Aristote, *Politiques*, I, 4, 1253b, trad. fr. P. Pellegrin, GF Flammarion, 1990, p. 97.

30. Jeremy Bentham, *Introduction aux principes de la morale et de la législation* (1789) ; Luc Ferry et Claudine Germé, *Des animaux et des hommes*, Le Livre de poche, Biblio Essais, 1994, p. 389.

31. Martha Nussbaum, « Beyond Compassion and Humanity », in *Frontiers of Justice*, Cambridge, London, Harvard University Press, 2006, p. 361.

32. Georges Canguilhem, « Machine et organisme », *op. cit.*, p. 120.

33. *Ibid.*, p. 122.

34. Voir Raphaël Larrère, « Agriculture : artificialisation ou manipulation de la nature ? », in *Cosmopolitiques*, n° 1, 2002, p. 158-173.

35. Jean-Jacques Rousseau, *La Nouvelle Héloïse*, IVᵉ partie, lettre XI, *Œuvres complètes*, t. II, Gallimard, Bibliothèque de la Pléiade, 1964, p. 472. Que Rousseau dénonce des pratiques techniques dévastatrices ou mutilantes ne l'empêche pas de présenter, en particulier avec le jardin de Julie, son propre modèle technique, qui permet de concilier homme et nature, domestique et sauvage.

36. François Sigaut, « Critique de la notion de domestication », *L'Homme* 108, oct-déc. 1988, XXVIII (4), p. 61.

37. Lucrèce, *De la nature des choses*, Livre V, 864-870 ; Adam Smith, *La Richesse des nations*, Livre 1, chapitre XI ; Dupont de Nemours, *Philosophie de l'univers*, p. 84-85 ; H. D. Thoreau, *Walden, ou la vie dans les bois*, p. 57.

38. Catherine et Raphaël Larrère, « Animal rearing as a contract », *Journal of Agricultural and Environmental Ethics*, vol. 12, n° 1, Kluwer Academic Publishers, Dordrecht (Netherlands), 2000, p. 51-58.

39. Mary Migdley, *Animals and why they matter*, Athens, University of Georgia Press, 1983.

40. Catherine et Raphaël Larrère, « L'animal, machine à produire : la rupture du contrat domestique », *in* Florence

Burgat et Robert Dantzer (éd.), *Les animaux d'élevage ont-ils droit au bien-être ?* Éditions de l'INRA, 2001, p. 9-24.

41. Dominique Lestel, *L'Animal singulier*, Seuil, p. 136.

42. François Terrasson, *En finir avec la nature*, Monaco, Éditions du Rocher, 2002, p. 122.

43. Voir Jean-Jacques Rousseau, *Discours sur l'origine de l'inégalité*, note X sur les Pongos et les Orangs-Outangs (*O.C.*, t. III, p. 210-211.)

3. DES INTELLIGENCES CONTAGIEUSES

1. « Mirror-Induced Behavior in the Magpie (*Pici pica*) : Evidence of Self-Recognition » *PloS Biology*, 6 (8) : e202. Doic : 10.1371/journal, 2008.

2. Voir à ce sujet, Vinciane Despret, *Bêtes et Hommes*, Gallimard, 2007.

3. J'ai plus longuement traité de la question des artefacts dans *Penser comme un rat*, Quae, 2009.

4. J'emprunte ce terme à Bruno Latour, commentant, notamment, les propositions d'Isabelle Stengers. Voir la préface au livre de celle-ci *Power and Invention*, Minnesota Press, 1998.

5. Donald M. Broom, Hilana Sena, Kiera Moyhihan, « Pigs learn what a mirror image represents and use it to obtain information », 2009, *Animal Behaviour*, 78, 5, p. 1037-1041.

6. Norbert Elias, *La Civilisation des mœurs* (1939), Calmann-Lévy, 3ᵉ édition (1973).

7. Je dois à la lecture de son article « Seedless Grapes : Nature and Culture » une bonne part de ce qui va suivre. À paraître dans Stephen Laurence et Eric Margolis (éd.), *Creations of the Mind. Theories of Artifacts and their Representations*, Oxford University Press, chap. 17.

8. Je remercie Serge Gutwirth de m'avoir soufflé cette analogie.

9. On reconnaîtra ici la marque des propositions de Bruno Latour, et notamment de ses *Politiques de la nature*, La Découverte, 1999.

10. Dominique Lestel, « Faire la paix avec l'animal », *Études*, 1-2 (2000). Bruno Latour, *op. cit.*, et *Changer de société, refaire de la sociologie*, La Découverte, 2006.

11. Voir l'histoire de la tulipe dans Michael Pollan, *The Botany of desire*, Random House, 2002. D'autres atouts peuvent également s'inscrire dans ces agencements inter-règnes

qui ont fait proliférer ceux qui les avaient développés, ainsi, la capacité de modifier les états de conscience, comme l'a fait la marijuana.

12. Voir le long et passionnant travail de Jocelyne Porcher, *Éleveurs et animaux : réinventer le lien*, PUF, 2002 ; Jocelyne Porcher et Christine Tribondeau, *Une vie de cochon*, La Découverte, 2008.

13. Voir à ce sujet le débat engagé sur http://www.cognitionandculture.net/. Dan Sperber proposait de considérer ce comportement comme culturel, en insistant sur son originalité : il met en jeu cette fois non des outils, mais des processus émotionnels (« *Grieving Chimpanzees* », *Post* du 1er novembre 2009). En réponse, Anne Moscoso suspectait l'artificialité des conditions de vie des chimpanzés, et donc l'artefact.

14. Le fait que la domestication soit considérée comme une histoire culturelle humaine (entendu exclusivement humaine) témoigne tant de cette forme un peu aveugle d'anthropocentrisme — comme si les animaux n'y avaient pas pris activement part — que du cloisonnement entre sciences naturelles et sciences sociales. Le réflexe de tout ramener à nous lorsqu'il s'agit d'activité ou d'invention n'offre qu'un avantage à une minorité : garantir les frontières entre les domaines des sciences naturelles et des sciences sociales (ce que Sperber a bien perçu dans son article). Les uns s'occuperont des bêtes (et des plantes), les autres des gens, les uns des explications matérialistes, les autres du reste. Ce qui implique que les passages de frontières prennent souvent l'allure de coups de force qui n'ont rien de pacifique ni d'intéressant.

4. LES MALADIES ANIMALES
RÉVÈLENT UNE SOLIDARITÉ VITALE

1. J'ai déjà proposé ce diagnostic, sous le titre « Les hommes malades des animaux » dans le numéro spécial de *Critique* intitulé « Libérer les animaux ? », 2009, p. 796-808. J'en tire ici de nouvelles conséquences morales et sociales. Je remercie la Fondation Fyssen qui m'a permis de lancer ce projet de recherche collectif en 2008-2009.

2. Claude Lévi-Strauss, « La leçon de sagesse des vaches folles », *Études rurales*, n° 157-158, 2001, p. 9-13 ; Mondher Kilani, « Crise de la "vache folle" et déclin de la raison sacrificielle », *Terrain*, n° 38, 2002, p. 113-126.

3. Mathieu Fintz et Sylla Thierno Youla, « Les guerres de la grippe aviaire en Égypte. Le traitement médiatique d'un virus émergent », *Égypte/Monde arabe*, 2007 ; Vanessa Manceron, « Les oiseaux de malheur et la géographie sanitaire. La Dombes et la grippe aviaire », *Terrain*, n° 51, 2008, p. 161-173.

4. Mike Davis, « Global Agribusiness, SARS and Swine Flu » : http://japanfocus.org/ — Mike-Davis/3134 ; F. Keck, « Les métamorphoses de la grippe », *Esprit*, juin 2009.

5. Maxime Schwartz, *Comment les vaches sont devenues folles*, Odile Jacob, 2001 ; François Moutou et Pascal Orabi, *Grippe aviaire : ce qu'il faut savoir*, Delachaux et Niestlé, 2006.

6. Martin Hirsch *et alii*, *L'Affolante affaire de la vache folle*, Balland, 1996 ; Abigail Woods, *A Manufactured Plague : the History of Foot-and-Mouth Disease in Britain*, Earthscan, 2004 ; Michael Greger, *Bird Flu. A Virus of Our Own Hatching*, Lantern Books, 2006.

7. Georges Canguilhem, *Le Normal et le pathologique*, PUF, 1966, et « Histoire des hommes et nature des choses dans le *Plan des travaux scientifiques nécessaires pour réorganiser la société* », *Études philosophiques*, juillet-septembre 1974, p. 293-297.

8. Frédérique Audoin-Rouzeau, *Les Chemins de la peste. Le rat, la puce et l'homme*, Tallandier, 2007.

9. David Barnes, *The Making of a Social Disease. Tuberculosis in Nineteenth Century France*, University of California Press, 1995.

10. Jared Diamond, *De l'inégalité parmi les sociétés. Essai sur l'homme et l'environnement dans l'histoire*, Gallimard, 2000.

11. Jean-Pierre Digard, *L'Homme et les animaux domestiques. Anthropologie d'une passion*, Fayard, 1990.

12. Claire Salomon-Bayet (dir.), *Pasteur et la révolution pasteurienne*, Payot, 1986, et Christoph Gradmann, *Krankheit im Labor. Robert Koch und die Medizine Bakteriologie*, Wallstein, 2005.

13. Bruno Latour, *Pasteur : Guerre et paix des microbes* suivi de *Irréductions*, La Découverte, 2001.

14. Anne-Marie Moulin (dir.), *L'Aventure de la vaccination*, Fayard, 1996.

15. Sur le problème du passage de l'expérimentation animale à l'expérimentation humaine dans la vaccination contre la tuberculose, voir Christian Bonah, *Histoire de l'expérimen-*

tation humaine en France. Discours et pratiques, 1900-1940, Les Belles Lettres, 2007.

16. François Delaporte, *Histoire de la fièvre jaune*, Payot, 1989, préface de Georges Canguilhem.

17. Laurie Garrett, *The Coming Plague. Newly Emerging Diseases in a World out of Balance*, Farrar, Strauss and Giroux, 1994.

18. Richard Neustadt et Harvey Feinberg, *The Epidemic That Never Was : Policy Making and the Swine Flu Scare*, Vintage Books, 1983.

19. Mirko Grmek, *Histoire du sida. Début et origine d'une pandémie actuelle*, Payot, 1989.

20. J'emprunte cette hypothèse à Luc Boltanski et Eve Chiappello qui analysent les nouvelles formes d'exploitation comme des différentiels de vitesse dans *Le Nouvel Esprit du capitalisme*, Gallimard, 1999.

21. Norbert Gualde, *Comprendre les épidémies. La co-évolution des microbes et des hommes*, « Les Empêcheurs de penser en rond », Seuil, 2006.

22. Mike Davis, *The Monster at our Door. The Global Threat of Avian Flu*, Heny Holt and Company, 2006, et M. Greger, *op. cit.*

23. Sur le thème de la « revanche de la nature », voir François Moutou, *La Vengeance de la civette masquée. SRAS, grippe aviaire... D'où viennent les nouvelles épidémies ?*, Le Pommier, 2007 ; Maxime Schwartz et François Rodhain, *Des microbes ou des hommes, qui va l'emporter ?*, Odile Jacob, 2008. Ce thème a d'abord été formulé par le biologiste pastorien d'origine française René Dubos (voir *Man, Medicine and Environment*, Pall Mall Press, 1968).

24. Timothy Mitchell, *Rule of Experts. Egypt, Techno-Politics and Modernity*, University of California Press, 2002 ; T. Abraham, *Twenty-First Century Plague. The Story of SARS, with a new Preface on Avian Flu*, Hong Kong University Press, 2007.

25. Elizabeth Etheridge, *Sentinel for Health*. *À History of the Centers for Disease Control*, University of California Press, 1992.

26. Jean-Pierre Dupuy, *Pour un catastrophisme éclairé. Quand l'impossible est certain*, Seuil, 2002.

27. Sur les nouvelles formes de surveillance dans la « société du risque », voir François Chateauraynaud et Didier Torny, *Les Sombres Précurseurs, Une sociologie pragmatique de l'alerte et du risque*, EHESS, 1999.

28. Philippe Descola, *Par-delà nature et culture*, Gallimard, 2005

29. Catherine et Raphaël Larrère, « Le contrat domestique », *Le Courrier de l'environnement*, n° 30, avril 1997.

30. Frédéric Keck, *Lucien Lévy-Bruhl, entre philosophie et anthropologie*, CNRS Éditions, 2008.

5. À QUOI LA QUESTION
« *QUI* SONT LES ANIMAUX ? » ENGAGE-T-ELLE ?

1. Jean-Luc Daub, *Ces bêtes qu'on abat. Journal d'un enquêteur dans les abattoirs français (1993-2008)*, préfacé par Élisabeth de Fontenay, L'Harmattan, 2009.

2. « "Il faut bien manger" ou le calcul du sujet », *Confrontations*, cahier 20, hiver 1989, Aubier, p. 107.

3. Georges Canguilhem, *La Connaissance de la vie*, Vrin, 1965 (rééd.).

4. Kurt Goldstein, *La Structure de l'organisme. Introduction à la biologie à partir de la pathologie humaine* [1934], traduit de l'allemand par le Dr. E. Burckhardt et Jean Kuntz, préface de Pierre Fédida, Gallimard, coll. « Tel », 1983.

5. Voir *Penser le comportement animal. Contribution à une critique du réductionnisme*, sous la direction de Florence Burgat, co-édition MSH/Quæ, 2010.

6. Jane Goodall, « Les chimpanzés et nous — Combler le fossé », dans *Le Projet Grands Singes*, traduit de l'anglais par Marc Rozenbaum, OneVoice, 2003, p. 18.

7. Plutôt qu'aux occurrences kantiennes, je renvoie au chapitre qu'Élisabeth de Fontenay consacre aux limites de l'humanisme kantien dans *Le Silence des bêtes*, Fayard, 1998, pp. 517-526. « Une fois de plus, un athlète du propre de l'homme, sûr de son fait quand il expulse les animaux du domaine des devoirs, tombe sur l'imbécillité ou la folie et ne s'aperçoit pas que, si elle excepte de l'humanité ceux qui ne répondent pas au critère de la rationalité, la définition de l'homme manque à l'universalité qu'elle a prise pour règle » (p. 519).

8. Maurice Merleau-Ponty, *La Structure du comportement* [1942], PUF, 1977, p. 136.

9. Matthew Calarco, *Zoographies. The Question of the Animal from Heidegger to Derrida*, New York, Columbia University Press, 2008, p. 76.

10. Jacques Derrida, *L'Animal que donc je suis*, Galilée, 2006, p. 77.

11. Jacques Derrida, « L'animal que donc je suis », dans

L'Animal autobiographique, Galilée, 1999, p. 274. Ce sont les termes par lesquels Jacques Derrida qualifie notre disposition à exploiter les animaux.

12. « "Il faut bien manger" ou le calcul du sujet », *op. cit.*, p. 110.

13. Jacques Derrida, « L'animal que donc je suis », *op. cit.*, p. 282.

14. Jacques Derrida, *L'Animal que donc je suis*, *op. cit.*, p. 43.

15. *Ibid.*, p. 54, et Jacques Derrida, « L'animal que donc je suis », *op. cit.*, p. 282.

16. Traduit en français par Marc Rozenbaum, OneVoice, 2003.

17. Georges Canguilhem souligne, de manière générale, le caractère absurde de cette démarche : « Quelle lumière sommes-nous donc assurés de contempler pour déclarer aveugles tous autres yeux que ceux de l'homme ? [...] Sans doute l'animal ne sait-il pas résoudre tous les problèmes que nous lui posons, mais c'est parce que ce sont les nôtres et pas les siens. » *La Connaissance de la vie* [1965] Vrin, 1998, p. 10.

18. Jacques Derrida et Élisabeth Roudinesco, *De quoi demain...*, Fayard/Galilée, 2001, p. 108.

6. DÉVERROUILLER LE DÉBAT JURIDIQUE

1. Sirey 1962.281 ; Dalloz 1962.199 ; JCP 1962.II.12557.

2. Jean Carbonnier, Droit civil, tome IV, *Les obligations*, PUF, IVe éd. n° 90, p. 344.

3. Jean Carbonnier, Droit civil, tome III, *Les biens*, PUF, 11e éd., 1983, p. 344.

4. Philippe Malaurie et Laurent Aynès, Droit civil. *Les personnes. La protection des mineurs et des majeurs*, 4e éd. Defrénois. Lextenso éditions, 2009.

5. Le « rapport sur le régime juridique de l'animal » figure en annexe de l'ouvrage de Suzanne Antoine *Le Droit de l'animal*, Legis France, Bibliothèque de Droit, 1re éd. 2007, p. 250.

6. Suzanne Antoine, *L'Animal et le droit des biens*, D.2003, chr. 2651.

7. Sonia Desmoulin, *L'Animal entre science et droit*, PUAM, 2006.

8. Lucille Boisseau-Sowinski, *La Désappropriation et l'Animal*, thèse dactylographiée, Limoges, 2008.

9. Gérard Farjat, *Entre les personnes et les choses, les centres d'intérêts : prolégomènes pour une recherche*, RTCiv. 2002.221.

10. J. Segura, *Animaux et droit : de la diversité des protections à la recherche d'un statut*, Thèse, Nancy, 2005.

11. Tom Regan, *The Case for Animal Rights*, University of California Press, 1983, rééd. 2004.

12. Gary L. Francione, *Animals as Persons : Essays on the Abolition of Animals Exploitation*, University of California Press, 2008.

13. Paola Cavalieri, « Les droits de l'homme pour les grands singes non humains ? », *Le Débat*, n° 108, janv.-fév. 2000, p. 156.

14. Marie Angèle Hermitte, « Les droits de l'homme pour les humains, les droits du singe pour les grands singes », in *ibid.*, p. 168.

15. Jean-Pierre Marguénaud, *L'Animal en droit privé*, PUF, 1992 ; « L'animal dans le nouveau code pénal », Dalloz, 1995, chr. 187 ; « La personnalité juridique des animaux », Dalloz, 1998, chr. 205 ; Animal (droits de l') in *Dictionnaire des droits de l'homme*, PUF, 2008, dir. Joël Andriantsimbazovina, Hélène Gaudin, Jean-Pierre Marguénaud, Stéphane Rials, Frédéric Sudre.

16. Joël Feinberg, *Rights, Justice and the Bounds of Liberty*, Princeton University Press, 1980.

17. Elisabeth de Fontenay, *Sans offenser le genre humain, Réflexions sur la cause animale*, Albin Michel, 2008.

7. À CHACUN SES ANIMAUX

1. Peter Singer, *Animal Liberation*, Random House, 1989.

2. La question est posée avec une grande lucidité par Bruno Latour dans *Politiques de la nature. Comment faire entrer les sciences en démocratie*, La Découverte, 1999.

3. Maurice Merleau-Ponty, *L'Œil et l'Esprit*, Gallimard, 1964, p. 13.

4. Philippe Descola, *Par-delà nature et culture*, Gallimard, 2005, chapitre 15.

5. Par exemple, Brent Berlin, *Ethnobiological Classification. Principles of categorization of plants and animals in traditional societies*, Princeton University Press, 1992, chapitres 1 et 2.

6. J'avais déjà utilisé l'exemple de ces oiseaux dans ma « Leçon inaugurale » au Collège de France (2001) dont je reprends ici certaines formulations.

7. Carl G. von Brandenstein, « Aboriginal Ecological Order in the South-West of Australia — Meanings and Examples », *Oceania* XLVII (3), pp. 170-186, 1977.

8. William B. Spencer et Franck J. Gillen, *The Native Tribes of Central Australia*, Macmillan & Co, 1899, p. 202.

9. Jacques Galinier, *La Moitié du monde. Le corps et le cosmos dans le rituel des Indiens otomi*, PUF, 1997.

10. Philippe Descola, *Les Lances du crépuscule. Relations jivaros. Haute Amazonie*, Plon, 1993.

9. L'HISTORIEN FACE À L'ANIMAL :
L'EXEMPLE DE MOYEN ÂGE

1. *Les animaux ont une histoire*, Le Seuil 1984, ouvrage qui connut le succès et qui fut précédé de plusieurs articles en ayant fourni la matière.

2. Ce passage souvent cité (et que j'ai ici condensé) se trouve dans l'*Apologie à Guillaume de Saint-Thierry*, dans Jean Leclercq, Charles Henry Talbot et Henri Rochais, éd., *S. Bernardi Opera*, vol. III, Rome, 1977, p. 127-128.

3. Dan Sperber, « Pourquoi l'animal est bon à penser symboliquement », dans *L'Homme*, 1983, p. 117-135.

4. Le corpus aristotélicien sur les animaux fut traduit en latin à partir de l'arabe par Michel Scot à Tolède aux environs de 1230 ; ce même traducteur s'était attaqué quelques années plus tôt aux commentaires d'Avicenne sur ce même corpus. Environ une génération plus tard, l'ensemble fut intégré presque tel quel par Albert le Grand dans son *De animalibus*. Toutefois, certains passages de ce corpus étaient déjà connus et traduits dès la fin du XIIᵉ siècle. Sur la redécouverte des ouvrages d'histoire naturelle d'Aristote, Fernand van Steenberghen, *Aristotle in the West. The Origins of Latin Aristotelianism*, Peeters, 1955 ; *Idem*, *La Philosophie au XIIIᵉ siècle*, Peeters, 1991.

5. Voir par exemple *Summa contra gentiles*, livre II, chap. 82 (*Œuvres complètes*, tome XII, 1918, p. 513-515).

6. *Summa de creaturis*, II : *De homine*. Voir Pauline Aiken, « The Animal History of Albertus Magnus and Thomas of Cantimpré », *Speculum*, 22 (1947), p. 205-225.

7. Georges Petit et Jean Theodorides, *Histoire de la zoologie, des origines à Linné*, 1962. L'ouvrage a été publié par l'ancienne VIᵉ section de l'École pratique des hautes études dans une collection intitulée « Histoire de la pensée » ! Il comporte 360 pages ; 144 sont consacrées à l'Antiquité ; 155, à l'époque moderne (XVIᵉ-XVIIIᵉ s.) ; et 20, au Moyen Âge occidental et à ses « balivernes ».

8. C'est ce que fait, par exemple, l'ouvrage de Wilma George et Brundson Yapp, *The Naming of the Beasts. Natural History in the Medieval Bestiary*, Hassig, 1991, qui range le dauphin parmi les *wild mammals* (p. 96-97).

9. Parmi les travaux sérieux, envisageant les procès d'animaux sous l'angle de l'anthropologie historique et non pas de la petite histoire, citons Karl von Amira, « Thierstrafen und Thierprocesse », *Mitteilungen des Instituts für Oesterreichische Geschichtsforschung*, XII (1891), p. 546-606, et Hans Albert Berkenhoff, *Tierstrafe, Tierbannung und rechtsrituelle Tiertötung im Mittelalter*, Schwuzerèsche Zeitschrifts fün Strafrecht, 1937. On me permettra également de renvoyer à Michel Pastoureau, « Une justice exemplaire : les procès intentés aux animaux (XIIIᵉ-XVIᵉ s.) », dans *Cahiers du Léopard d'or*, vol. 9 (*Les rituels judiciaires*), 2000, p. 173-200.

10. Sur l'affaire de la truie de Falaise, Michel Pastoureau, *Une histoire symbolique du Moyen Âge occidental*, Le Seuil, 2004, p. 29-48.

11. Sur ces différents exemples : E. P. Evans, *The Criminal Prosecution and Capital Punishment of Animals*, 1906 ; W. W. Hyde, « The Prosecution of Animals and lifeless Things in the Middle Âge and Modern Times », dans *University of Pennsylvania Law Review*, t. 64, 1916, p. 696-730.

12. Michel Pastoureau, *Le Cochon. Histoire d'un cousin mal aimé*, Gallimard 2009, p. 105-127.

10. JEAN BAULLER-VERCORS : LA RÉBELLION COMME SPÉCIFICITÉ HUMAINE

1. « Les silences de Vercors », dans *Les Nouvelles littéraires*, 10 mars 1977, p. 5.

2. Lettre de Vercors à Jean Mercure, 27 octobre 1967.

3. Lettre de Vercors à Ernest Kahane, 5 juin 1975.

4. *La Danse des vivants*, Le Mans, Création & Recherche, 2000.

5. « Les silences de Vercors », dans *Les Nouvelles littéraires*, *op. cit.*, p. 5.

6. Vercors, *Le Démenti*, dans *Le Silence de la mer et autres œuvres*, Omnibus, 2002.

7. Vercors, *Sens et non-sens de l'Histoire*, Galilée, 1978, p. 172.

8. Vercors, *Les Nouveaux Jours*, Paris, 1984, p. 124.

9. *Ibid.*, p. 125.

10. Vercors, « Discours aux Allemands », dans *Plus ou moins homme*, Albin Michel, 1950.

11. Vercors, *La Sédition humaine*, dans *Plus ou moins homme*, *op.cit.*, p. 29.

12. Lettre de Vercors à Jean Piron, directeur de *La Pensée et les hommes*, 5 avril 1974.

13. Vercors, *La Sédition humaine*, dans *Plus ou moins homme*, *op. cit.*, p. 31.

14. Vercors, *À Dire vrai. Entretiens avec Gilles Plazy*, François Bourin, 1991, p. 26-27.

15. Vercors, *La Sédition humaine*, dans *Plus ou moins homme*, *op.cit.*, p. 17.

16. *Ibid.*, p. 53.

ENVOI. FIGURES DU MONSTRUEUX.
ENTRE L'HUMAIN ET L'INHUMAIN

1. Aristote, *Politiques* I, 2, 9 (traduction Pierre Pellegrin, GF Flammarion, p. 90).

2. Un peu plus tôt, il avançait tout aussi nettement que « le bœuf tient lieu de serviteur aux pauvres » (*Politiques*, I, 2, 5).

3. Voir notamment *Les Anormaux*, Gallimard/Le Seuil, coll. « Hautes études », 1999, p. 58 sq.

4. *Ibid.*, p. 58-59.

5. *Ibid.*, p. 59.

6. *Ibid.*

7. Jurgis Baltrusaïtis, « Physiognomonie animale », in *Aberrations*, Flammarion, « Champs », 1re éd. 1983, rééd. 1995.

8. *Ibid.*, p. 13.

9. *Ibid.*, p. 16.

10. Cité par Baltrusaïtis, *op. cit.*, p. 26.

11. *Ibid.*, p. 23.

12. Cesare Lombroso, *L'Homme criminel*, Félix Alcan, Paris, 1887 (traduction sur la quatrième édition italienne par MM. Regnier et Bournet).

13. *Ibid.*, p. 663-664.

14. Claude Lévi-Strauss, *Entretien avec Jean-Marie Benoist*, « L'idéologie marxiste, communiste et totalitaire n'est qu'une ruse de l'histoire », *Le Monde*, 21-22 janvier 1979, p. 14.

Appendices

DANS LA COLLECTION FOLIO / ESSAIS

Composition Nord Compo.
Impression CPI Bussière
à Saint-Amand (Cher), le 21 octobre 2010.
Dépôt légal : octobre 2010.
Numéro d'imprimeur : 103055/1.
ISBN 978-2-07-043827-3./Imprimé en France.